O TARÔ DO AMOR

Para Assuntos do Coração

JANE LYLE

Cartas ilustradas por
Oliver Burston

O TARÔ DO AMOR

Para Assuntos do Coração

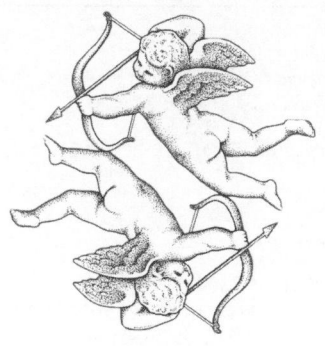

Tradução:
Eduardo Kraszczuk

Publicado originalmente em inglês sob o título *The Lovers' Tarot*, por Eddison Sadd Editions.
© 1992, edição de Eddison Sadd Editions.
© 1992, texto, Jane Lyle.
© 1992, ilustração das cartas, Oliver Burston.
Direitos de edição e tradução para o Brasil.
Tradução autorizada do inglês.
© 2018, Madras Editora Ltda.

Editor:
Wagner Veneziani Costa

Produção e Capa:
Equipe Técnica Madras

Tradução:
Eduardo Kraszczuk

Revisão da Tradução:
Rosalia Munhoz

Revisão:
Arlete Genari
Ana Paula Luccisano

Dados Internacionais de Catalogação na Publicação (CIP)
(Câmara Brasileira do Livro, SP, Brasil)

Lyle, Jane
O tarô do amor : para assuntos do coração /
Jane Lyle ; cartas ilustradas por Oliver Burston ;
tradução Eduardo Kraszczuk. -- São Paulo : Madras,
2018.
Título original: The lover's tarot : for affairs
of the heart.
ISBN 978-85-370-1114-0

1. Amor 2. Relações interpessoais 3. Tarô
I. Burston, Oliver. II. Título.

17-11553   CDD-133.32424
           Índices para catálogo sistemático:
        1. Tarô : Artes divinatórias : Ciências ocultas
                        133.32424

É proibida a reprodução total ou parcial desta obra, de qualquer forma ou por qualquer meio eletrônico, mecânico, inclusive por meio de processos xerográficos, incluindo ainda o uso da internet, sem a permissão expressa da Madras Editora, na pessoa de seu editor (Lei nº 9.610, de 19/2/1998).

Todos os direitos desta edição, em língua portuguesa, reservados pela

MADRAS EDITORA LTDA.
Rua Paulo Gonçalves, 88 — Santana
CEP: 02403-020 — São Paulo/SP
Caixa Postal: 12183 — CEP: 02013-970
Tel.: (11) 2281-5555 — Fax: (11) 2959-3090
www.madras.com.br

*Para Richard e Betty, com amor.
Sem eles...*

*No minuto em que ouvi minha
primeira história de amor,
Eu comecei a procurar por você,
sem saber como isso era cego.
Os enamorados não se encontram,
finalmente, em algum lugar,
Eles estão dentro um do
outro o tempo todo.*

JELALUDDIN RUMI

ÍNDICE

INTRODUÇÃO 11
   A história do Tarô 11
   Por que um Tarô para enamorados? 13
   O Tarô do Amor e a astrologia 15

AS CARTAS 19
     0 – O Louco 22
     I – O Mago 28
     II – A Sacerdotisa 34
     III – A Imperatriz 40
     IV – O Imperador 46
     V – O Hierofante 52
     VI – Os Enamorados 58
     VII – O Carro 64
     VIII – A Força 70
     IX – O Eremita 76
     X – A Roda da Fortuna 82
     XI – A Justiça 88
     XII – O Enforcado 94
     XIII – A Morte 100
     XIV – A Temperança 106
     XV – O Diabo 112
     XVI – A Torre 118

XVII – A Estrela 124
XVIII – A Lua 130
XIX – O Sol 136
XX – O Julgamento 142
XXI – O Mundo 148

COMO USAR O TARÔ DO AMOR 155
   As distribuições do Tarô do Amor 157

SOBRE A AUTORA 169
SOBRE O ILUSTRADOR 169
LEITURAS ADICIONAIS 171
AGRADECIMENTOS 173

INTRODUÇÃO

A História do Tarô

Da magia do Antigo Egito às cartas levadas por ciganos exóticos, as origens do Tarô são tão enigmáticas quanto suas figuras. O fato simples é que ninguém sabe, realmente, quando e onde o Tarô se originou. As figuras notáveis que compõem as 22 cartas dos misteriosos Arcanos Maiores contêm muitas referências visuais a religiões e práticas espirituais antigas. Os Arcanos Menores, que consistem em quatro naipes, são considerados o "pai" dos baralhos modernos que conhecemos.

O Tarô do Amor é constituído apenas por Arcanos Maiores. "Arcanos Maiores" significa "segredos maiores", e é o nome dado àquelas imagens de sonho que começam com o Louco e terminam com o Mundo. Embora os Arcanos Menores sejam certamente imprescindíveis para leituras gerais, abordando tempos de vida e interesses, os Arcanos Maiores sempre formam o foco principal de uma distribuição. É para os "segredos maiores" que nos voltamos quando buscamos aprofundar nossa compreensão.

Então, quais são os fatos históricos sobre o Tarô? Poucos e tantalizantes. Das cartas mais antigas conhecidas, apenas 17 ainda existem. Estas datam de 1392. Sabemos que existiram cartas antes dessas, porque elas foram proibidas em Florença, Itália, em 1376. Consideradas perigosas e heréticas pela Igreja estabelecida, elas foram repetidamente banidas, condenadas e até mesmo queimadas em público.

O *Baralho Visconti* é o baralho completo mais antigo que sobreviveu intacto, e foi pintado por um artista italiano, Bonifacio Bembo. Essas cartas dedicadas, que datam do início do século XV, foram encomendadas especialmente pelo Duque de Milão e carregam o nome de sua família. Figuras como o Hierofante ou Papa, o Mago e o Louco parecem ressoar, diretamente, com o mundo medieval, levando alguns estudiosos a assumirem que o Tarô é um oráculo essencialmente medievo.

Mas algumas das imagens não podem ser localizadas facilmente nesse contexto simples. A presença da Imperatriz, uma representação óbvia da Grande Deusa Mãe, da Sacerdotisa, outra imagem clara de uma deusa, e do Enforcado é o suficiente para sugerir que as raízes do Tarô estão no passado mais distante. Essas imagens vibrantes e perturbadoras precedem as crenças predominantemente cristãs da Renascença. Elas ligam as figuras do Tarô a ensinamentos esotéricos antigos, como a adoração da Deusa, o xamanismo, religiões pagãs e mitos. E é a natureza arquetípica dessas imagens que, talvez, tenha mantido o Tarô vivo e levado ao seu florescimento atual.

A sequência de figuras que compõem os Arcanos Maiores vem da linguagem universal dos símbolos, enterrada profundamente no inconsciente de todos os seres humanos. Os alquimistas denominam isso de *Anima Mundi*, a Alma do Mundo. O eminente psicólogo Carl Gustav Jung chamou isso de inconsciente coletivo. As imagens dos Arcanos Maiores estão organizadas de uma forma significativa, que simboliza a jornada da alma para a iluminação. Cada figura representa um estágio do desenvolvimento interior e exterior. E conforme a vida progride, e as lições se desenrolam, essa sequência se repete muitas vezes, de modos diferentes.

As figuras dos Arcanos Maiores se conectam perfeitamente com outros sistemas místicos ou de magia, como a astrologia, a magia ritual e a Cabala hebraica. De fato, elas se ligam com o estudo moderno dos sonhos e com a psicanálise. Muito trabalho sobre essas correspondências foi realizado por um prestigiado grupo britânico de magia chamado *The Golden Dawn* (A Aurora Dourada) na virada do século XX. Dois membros desse grupo, Arthur Edward Waite e Pamela Colman Smith, produziram o *Tarô Waite*, que é um dos baralhos mais ricos em simbologia disponíveis atualmente. Ao longo deste livro, usei as conexões astrológicas feitas por eles, porque acredito que elas dão mais profundidade à interpretação.

Os vínculos simbólicos do Tarô com outros ensinamentos foram estudados por incontáveis acadêmicos. E, embora esses vínculos tenham, inevitavelmente, influenciado as interpretações em *O Tarô do Amor*, não sinto que uma análise detalhada desse simbolismo seja relevante aqui. Recomendo a todos os que estiverem genuinamente interessados a consultar a seção "Leituras adicionais" no final deste livro.

Por que um Tarô para enamorados?

A inspiração para *O Tarô do Amor* pareceu ter surgido do nada, completamente formada. Mas quando comecei a contemplar a ideia, percebi o quanto este livro representava a essência concentrada de anos de estudo, leitura e ensino do Tarô.

Fascinei-me pelo Tarô desde muito jovem. Aos 15 anos eu o estava estudando, junto com astrologia, em uma tentativa de entender o mundo oculto que eu sentia ao meu redor. As lindas figuras me atraíam, inspirando-me a explorar mais e, à medida que explorava, descobria quão pouco sabia e mais queria avançar. Para parafrasear Shakespeare, o costume certamente não esvaziou sua infinita variedade, mas abriu ainda mais meu apetite.

O Tarô do Amor é, necessariamente, uma interpretação singular dos Arcanos Maiores. Eu me concentrei em questões de amor e relacionamentos porque elas surgem com muita frequência nas vidas das pessoas. Livros clássicos sobre Tarô as mencionam, mas não oferecem uma análise profunda de cada carta. Embora uma carta como a Imperatriz seja simples de interpretar nesse contexto, outras, como a Temperança, são muito mais difíceis, especialmente para um novato. Portanto, tentei esclarecer os significados das cartas dentro do contexto do amor e dos relacionamentos.

Dizem que o amor faz o mundo girar. Certamente são os caprichos, loucuras, êxtases e sofrimentos do amor que inspiram as pessoas a consultar os oráculos. E é pela nossa experiência com o amor, em todas as suas manifestações, que aprendemos uns sobre os outros e sobre nós mesmos. Como os Arcanos Maiores do Tarô são uma jornada simbólica da inocência à iluminação, o que poderia ser mais apropriado?

O TARÔ DO AMOR E A ASTROLOGIA

Para proporcionar uma visão geral de todo o baralho de *O Tarô do Amor*, criei uma tabela para ajudá-lo a encontrar o caminho pelos Arcanos Maiores e vê-los como uma entidade em si. Cada carta está ligada a um signo ou planeta e seu elemento relevante. Essas correspondências serão familiares para aqueles que já estudaram astrologia. Seus significados fundamentais estão incorporados nas interpretações individuais, para que aqueles que não estão familiarizados com o zodíaco não fiquem intimidados por essas informações. Os elementos estão claramente associados à astrologia e têm sua própria esfera de influência. Eles são os seguintes:

FOGO: intuição, visão, inspiração
TERRA: praticidade, sensualidade, o mundo material
AR: espírito, intelecto, a mente consciente
ÁGUA: emoções, criatividade, o inconsciente

Quando estiver lendo as cartas, é útil ter esses significados elementais em mente. Eles formam uma base sobre a qual construir uma plataforma para nossas próprias associações e inspirações intuitivas.

Além disso, a essência de cada carta é encapsulada por uma seleção de palavras-chave que definem seu significado fundamental e o tipo de relação amorosa que ela representa. À medida que você se familiarizar com *O Tarô do Amor*, as palavras-chave poderão servir como auxílios mnemônicos, para ajudá-lo a sintetizar uma leitura ou definir uma fase.

Significados inversos não foram incluídos na tabela. Isso porque, muitas vezes, eles são a imagem espelhada reprimida da interpretação direta. Entretanto, foram interpretados na íntegra nas seções "O desafio" no texto principal de cada carta.

Conforme você se familiarizar com as cartas, verá como cada uma simboliza uma fase especial. Quando essas energias fluem sem obstrução dentro de você, ou sua situação de vida, elas estarão cumprindo seu objetivo real. Cartas invertidas indicam que, em geral, o eu interior não está encontrando uma vazão apropriada, ou, se você preferir encarar psicologicamente, desejos e necessidades inconscientes estão sendo suprimidos ou ignorados. A implicação espiritual verdadeira de cada carta é encontrada em seu significado direto. E é isso que está tentando vir à tona em você, seu parceiro, seu relacionamento ou seu futuro.

Tabela Astrológica do Tarô do Amor

CARTA	SIGNO OU PLANETA	ELEMENTO	ESSÊNCIA
0	O LOUCO	URANO	AR	Atrações espontâneas, amantes não convencionais
I	O MAGO	MERCÚRIO	AR/TERRA	Inteligência, sofisticação, amantes comunicativos
II	A SACERDOTISA	LUA	ÁGUA	Intuição, segredos, amantes misteriosos
III	A IMPERATRIZ	VÊNUS	TERRA/AR	Fertilidade, criatividade, amantes sensuais
IV	O IMPERADOR	ÁRIES	FOGO	Realização, autoridade, amantes com vontade forte
V	O HIEROFANTE	TOURO	TERRA	Ordem, certeza, amantes convencionais
VI	OS ENAMORADOS	GÊMEOS	AR	Escolhas, triângulos amorosos, amantes românticos
VII	O CARRO	CÂNCER	ÁGUA	Tenacidade, vitória, amantes talentosos
VIII	A FORÇA	LEÃO	FOGO	Amor incondicional, amantes corajosos
IX	O EREMITA	VIRGEM	TERRA	Solidão, prudência, amor espiritual
X	A RODA DA FORTUNA	JÚPITER	ÁGUA/FOGO	Sorte, destino, encontros inesperados

XI	A JUSTIÇA	LIBRA	AR	Decisões equilibradas, amantes lógicos
XII	O ENFORCADO	NETUNO	ÁGUA	Sacrifício, rendição, amantes fantasiosos
XIII	A MORTE	ESCORPIÃO	ÁGUA	Mudança inevitável, amantes transformadores
XIV	A TEMPERANÇA	SAGITÁRIO	FOGO	Criatividade equilibrada, parceiros equânimes
XV	O DIABO	CAPRICÓRNIO	TERRA	Poderes materiais, amantes obsessivos
XVI	A TORRE	MARTE	FOGO	Mudança disruptiva, amantes predestinados
XVII	A ESTRELA	AQUÁRIO	AR	Alegria, cura, amantes felizes
XVIII	A LUA	PEIXES	ÁGUA	Consciência psíquica, amantes de sonho
XIX	O SOL	SOL	FOGO	Vitalidade, otimismo, amantes calorosos
XX	O JULGAMENTO	PLUTÃO	ÁGUA	Clareza, decisões, amantes sábios
XXI	O MUNDO	SATURNO	TERRA	Completude, ciclos, amantes realizados

AS CARTAS

As 22 cartas de *O Tarô do Amor* foram criadas e interpretadas, sobretudo, para focar nas questões de amor e relacionamentos: questões eternas que afetam a todos nós. Em tempos de turbulência ou incerteza, todos precisamos de um guia sábio para quem nos voltar. Nesses momentos, é raro percebemos que esse guia está dentro de nós. Consultar um oráculo é uma forma de nos conectarmos com nossa fonte interna de intuição. Em tempos antigos, a adivinhação era indissociável da cura. As imagens vívidas e dinâmicas dos mitos e sonhos eram parte integral da vida que guiava o xamã na direção da iniciação mística, o curandeiro aos diagnósticos, o buscador à verdade e à iluminação.

As interpretações de cada carta foram divididas em quatro seções diferentes: "Sobre você", "Sobre seu parceiro", "Sobre o relacionamento" e "Sobre o futuro". Essas seções são introduzidas por uma descrição de cada carta, que fala sobre seu significado espiritual e simbólico. Isso revela o arquétipo fundamental incorporado pela carta, que você pode querer explorar mais a fundo.

A primeira seção, "Sobre você", foi elaborada para se centrar nas suas questões pessoais: onde você está agora e por qual fase em particular está passando. Não é um estudo de personalidade completo, mas sim captura o momento e descreve como você pode expressá-lo externamente. De forma similar, "Sobre seu parceiro" define seu humor atual e seu comportamento costumeiro. Também pode refletir como você experimenta sua companhia.

"Sobre o relacionamento" descreve sua união como ela existe para você neste momento, sugerindo como ela pode se desenrolar e sua essência prevalecente. Em um relacionamento longo, você pode passar por diversos estágios: desde o primeiro estremecimento da atração mútua, passando pelo romance tempestuoso, erotismo afetuoso até, finalmente, o amor amadurecido e o compromisso profundo. Seus relacionamentos podem incitar paixão, ira, inércia, riso ou inspiração. Eles são coisas vivas, criadas pela interação de dois indivíduos. Cada encontro é único, cada estágio é imbuído pelas suas próprias memórias e lições.

"Sobre o futuro" envolve o potencial divinatório dentro de cada imagem. Consultar essa seção oferece a você uma oportunidade de vislumbrar o invisível e acessar as energias agora inconscientes que já estão atuando.

Cada uma dessas seções foi dividida em "A dádiva" e "O desafio". "A dádiva" descreve as implicações da carta em sua posição voltada para cima, quando suas energias únicas podem fluir desimpedidas. "O desafio" se concentra no significado inverso, quando, por causa do embaralhamento, a carta é colocada de cabeça para baixo. Quando uma carta é colocada na posição inversa, o significado essencial da figura raramente se perde por completo, mas é sutilmente alterado. Sua sabedoria pode ser adiada, inconscientemente, ou se tornar mais difícil de lidar. Para entender o aspecto positivo da carta, você pode achar útil ler também "A dádiva".

Seu destino está em suas mãos, para moldar e desfrutar como quiser. As cartas não revelam um destino implacável, mas abrem uma possibilidade para sua mente e psique cooperarem. Suas imagens memoráveis, como postes de sinalização espirituais, sustentam a rica e intrincada jornada da vida e do próprio amor.

0 – O LOUCO

Planeta regente: Urano

O Louco, a carta dos inícios, está no portão de entrada do Tarô. Com otimismo resplandecente, ele inicia a jornada espiritual representada pelas cartas dos Arcanos Maiores.

Tradicionalmente representado na borda de um penhasco, sua "loucura" envolve a ideia de fé, humor e inocência infantis. O Louco leva todos os seus bens terrenos em uma mão, indicando que, simbolicamente, ele está desapegado do mundo material. Seu cão representa o poder do instinto e intuição, que o conforta e protege em sua busca.

O revolucionário Urano rege esta carta, destacando sua mensagem de mudança, liberdade e aventura.

SOBRE VOCÊ
A DÁDIVA

Seu senso de diversão e espontaneidade está fervilhando e transbordando em sua vida. Você está prestes a fazer uma viagem, quer essa jornada aconteça no mundo real ou represente uma viagem no seu inconsciente; ela promete ser estimulante e reveladora. Você pode ter acabado de emergir de um compromisso de longo prazo restritivo, ou de uma fase em que tudo parecia chato e sem inspiração, durante a qual você pode ter se sentido velho e cansado. Agora, o Louco anuncia a mudança: as amarras da convenção e limitação estão afrouxando, e você está pronto para dar boas-vindas ao desconhecido e ao que ainda não foi tentado em sua vida.

Se neste momento você estiver sozinho na vida, é improvável que se sinta deprimido por isso. De fato, este período oferece a você a oportunidade perfeita para reavaliar suas atitudes sobre os relacionamentos. Talvez no passado você tenha tentado criar um relacionamento amoroso e tenha fracassado. Quais eram suas expectativas na época? Você tentou se espremer demais em um molde convencional?

Seus relacionamentos são tão singulares quanto você. Estruture suas próprias regras agora e honre sua criança interior, que nem sempre pode levar as coisas a sério.

O DESAFIO

O Louco invertido indica que você é atormentado pela inquietação. Está particularmente tenso, incapaz de decidir qualquer coisa, e pensamentos vagos proliferam em sua mente. Durante uma fase tão instável, é provável que você esteja sendo difícil até para as pessoas mais próximas. Você pode se ressentir da menor crítica, ou considerar qualquer tentativa de fazer planos maçante ou ameaçadora para seu senso de individualidade.

Se você não estiver seriamente envolvido, pode sentir a necessidade de flertar com muitas pessoas. A última coisa em sua mente é sossegar; então, nem tente; concentre-se em amizades platônicas em vez disso. É improvável que o amor romântico e sexual vá satisfazê-lo agora, e você pode magoar alguém seriamente.

SOBRE SEU PARCEIRO

A dádiva

Alguém representado pelo Louco promete ser inesquecível, original e desafiador; alguém cujo contexto social ou cultural provavelmente será muito diferente do seu, exigindo ajustes dos dois lados. Muitas vezes, o Louco simboliza um parceiro muito mais velho ou mais jovem do que você. Sejam quais forem as diferenças, essa pessoa pode abrir seus olhos, mostrando-lhe um mundo maior do que você sonhava ser possível. Todas as suas ideias serão seriamente abaladas como resultado da sua conexão com essa pessoa. Sua fome de viver é inegável, acompanhada por uma sede de conhecimento e paixão pelas ideias, que é contagiosa.

Juntos, vocês descobrirão o lado brincalhão do amor, porque essa pessoa adora se divertir e deseja fazer você rir. Ele ou ela pode não ter um trabalho fixo, mas geralmente vai encontrar dinheiro para lhe comprar presentes divertidos ou preparar surpresas imaginativas.

O DESAFIO

Você atraiu alguém bastante inconstante, um provocador nato. No princípio, essa pessoa pode parecer possuir um idealismo delicioso, intocada pelo cinismo, livre das convenções – e ela é –, contudo, existe um lado sombrio, e o Louco invertido avisa sobre isso, assim como o cão impede o Louco de cair do precipício. Seu novo amigo pode se mostrar sexualmente ambivalente na melhor das hipóteses, ou totalmente desligado do amor físico na pior. Ele ou ela pode ser incapaz de expressar seus sentimentos ou, simplesmente, ser incapaz de acessá-los. Quando, e se, esses sentimentos forem articulados, eles podem ser tão assustadores que seu parceiro se torna distante, ou desaparece completamente da sua vida.

Por mais que uma eterna criança possa ser encantadora, o egoísmo e a incapacidade do seu parceiro de lidar com o mundano são o beijo da morte para relacionamentos longos. Você não pode esperar mudar essa pessoa; deve aceitá-la como ela é, ou se afastar.

SOBRE O RELACIONAMENTO

A DÁDIVA

Seu relacionamento não é convencional. Ele pode ter evoluído de forma incomum, ou talvez vocês tenham se conhecido em circunstâncias estranhas. As viagens são muitas vezes destacadas nesta carta. Vocês podem ter se conhecido em uma viagem ou em uma terra estrangeira. Durante o próprio relacionamento, ambos podem descobrir que seus melhores momentos juntos são passados longe do cotidiano, pois é improvável que essa associação seja notadamente doméstica.

Vocês podem enfrentar críticas de amigos e familiares, já que essa parceria não preenche as expectativas deles. Vocês podem ter ido contra as convenções, talvez seu parceiro venha de um ambiente muito diferente, ou escolham viver de uma forma que algumas pessoas não podem entender. Às vezes, esta carta sugere muitas separações e reconciliações, em geral por causa de viagens. Um de vocês pode ficar muito tempo afastado, vocês podem até mesmo morar em cidades diferentes e se encontrar apenas nos fins de semana. Acordos como morar em casas separadas também são comuns com esta carta.

Relacionamentos bissexuais ou homossexuais são simbolizados pelo Louco, que incorpora tanto energias masculinas quanto femininas. Preferências sexuais ou estilos de vida diferentes da "norma" também têm um papel aqui. Seja o que for, sua capacidade compartilhada de rir diante das adversidades os ajudará a triunfar sobre quaisquer obstáculos. E se vocês se separarem, será como amigos, e suas recordações sempre virão acompanhadas por um sorriso.

O DESAFIO

Qualquer relacionamento pressagiado pelo Louco é um desafio. As regras mudaram quando você não estava olhando, fazendo sentir-se totalmente confuso. Invertida, esta carta avisa para ter muito cuidado e se proteger. Seu relacionamento pode se provar tão disruptivo que pode paralisá-lo. Você não sabe sua posição, não consegue fazer planos e, com razão, duvida do compromisso do seu parceiro para consigo. As finanças podem ser erráticas, você pode se ver bancando o pai ou a mãe da criança irresponsável que é seu companheiro quando chega a hora de pagar as contas. Comportamentos compulsivos por parte do seu parceiro também podem prejudicar o relacionamento. Infidelidades sem sentido ou um péssimo hábito de apostar são especialmente prováveis.

SOBRE O FUTURO

A DÁDIVA

Medo e restrições estão sendo varridos da sua vida. Livre da dúvida, você está no limiar de um novo ciclo, uma nova curva da espiral. O que um dia o satisfez não será mais suficiente, mas pode demorar algum tempo antes que quaisquer planos concretos possam tomar forma. Esse é o momento perfeito para se desapegar e deixar Deus assumir o comando, viver no momento presente e se divertir.

O DESAFIO

Conforme uma energia inquieta invade seu ser, você pode desejar fazer mudanças, deixar seu parceiro, ou começar um caso instável e improvável. Mas assumir tais riscos agora se mostrará destrutivo para você e seu bem-estar. Tente pensar com cuidado antes de agir com base em impulsos e destruir tudo que há de bom em sua vida juntamente com o que está estagnado.

O MAGO

I – O MAGO

Planeta regente: Mercúrio

O Mago, como os xamãs do passado, é um mediador. Ele está de pé diante de nós, o braço direito erguido para os céus, o esquerdo apontando para a terra. Sobre sua cabeça, a figura do oito deitado, símbolo da eternidade, sugere sua infinita jornada entre nosso mundo e os reinos do invisível. Em cima de seu altar encontramos os símbolos dos Arcanos Menores: o Cálice, a Espada, o Pentagrama e a Varinha. Esses tesouros representam, respectivamente, a emoção, o pensamento, a praticidade e a intuição.

Regido pelo planeta Mercúrio, o Mago está ligado a linguagem, comunicação, alquimia e controle do próprio destino.

SOBRE VOCÊ

A DÁDIVA

A energia bruta instável do Louco encontra contenção e sentido quando o Mago assume o controle. Agora, você tem uma oportunidade maravilhosa de direcionar sua vida, fazer as coisas acontecerem e realizar seus sonhos.

Em geral, o Mago aparece quando você aceita a si mesmo em algum nível e está se sentindo equilibrado. Sua postura característica envolve essa sensação. O braço direito erguido retrata a consciência e se estende na direção do céu, que representa o eu superior. O braço esquerdo age como um canal para os poderes elevados e está voltado para a terra, destacando a importância espiritual da matéria e da forma. Sem esse equilíbrio, nada pode ser realizado com sucesso a longo prazo, e essa é a mensagem do Mago para você.

Agora, você deve ser capaz de avaliar as coisas com clareza e sabedoria e não ter medo de buscar conselhos, se precisar. Se estiver em um relacionamento, sua habilidade para se comunicar com seu parceiro é excelente, pois você está sereno e ciente dos pontos fortes e fracos da união. Seu mundo não é mais preto e branco, pois você pode ver todas as sutilezas.

Se for solteiro, será capaz de canalizar sua energia produtivamente. Você se sente interiormente mais completo, e a ausência de um parceiro romântico não o diminui de nenhuma maneira neste momento, pois você percebe a amplitude, a abrangência e a profundidade da vida.

O DESAFIO

Talvez você tenha acabado de completar um período de intenso trabalho ou estudo e agora esteja exausto, o que torna difícil ver a vida objetivamente. Dentro do contexto de um relacionamento, você está incapaz de decidir o que fazer a seguir. Seu parceiro pode pressionar por um compromisso e perguntar como você se sente. Você acha difícil responder, porque está confuso. Quanto mais analisa a situação, menos sente saber. Fazer uma pausa é a coisa mais sensata neste momento. Não tente forçar uma decisão.

SOBRE SEU PARCEIRO

A dádiva

Seu parceiro é muito articulado e é provável que goste de brincar com as palavras. Sua carreira pode envolver ensinar, palestrar ou organizar grupos de pessoas. Aqueles que trabalham como agentes, muitas vezes, também são representados pelo Mago, pois ele é uma pessoa habilidosa em ajudar outras pessoas a serem o melhor que puderem.

Esse personagem é capaz de se relacionar bem com uma vasta gama de pessoas, pois ele ou ela é inteligente e encantadora. Juntos, sua vida social é rica e variada, pois essa pessoa se interessa por muitas coisas, adora conhecer pessoas novas e odeia inatividade. Com esse indivíduo como parceiro, você nunca ficará entediado. Ambos podem conversar até o amanhecer e ainda sentir que há muito mais a dizer, muito mais a explorar.

O desafio

Invertido, o poder de encantar do Mago assume um aspecto um tanto sinistro. Seu parceiro pode estar drenando sua energia neste momento e, consequentemente, você pode achar difícil se concentrar ou sentir a necessidade de dormir muito.

Seu parceiro pode estar obcecado por algum trauma passado, insistindo e analisando-o repetidamente. Mesmo assim, ele ou ela é incapaz de chegar a uma conclusão satisfatória e continua a se dedicar incansavelmente. Arrastado para essas discussões, você se sente incapaz de ajudar ou resolver o problema.

Ou então, você pode estar envolvido com alguém que está mentindo de alguma forma. Mercúrio, o regente desta carta, é também um trapaceiro e um ladrão. Seu parceiro pode estar escondendo seu passado de você. Entretanto, isso é provavelmente por causa da baixa autoestima, e não por um desejo de lhe causar dor.

SOBRE O RELACIONAMENTO

A DÁDIVA

A amizade é a característica mais duradoura desse relacionamento. Seus interesses comuns, alegria mútua na conversação e notável capacidade de comunicar o que está em seus corações os unem e formam a mais sólida das bases para o futuro.

Almas românticas podem sentir que falta entusiasmo nessa união. Porém, a paixão intensa muitas vezes se esgota, enquanto esse tipo de parceria, em particular, tem a flexibilidade para suportar todo tipo de altos e baixos sem se partir. E, embora vocês possam se sentir muitas vezes como se fossem irmãos, isso não significa que a atração física também não esteja presente. Seu relacionamento sexual é relaxado e equilibrado. O sexo não é usado como uma arma, pois ambos são capazes de falar com facilidade sobre quaisquer problemas que possam surgir.

A igualdade é um fator importante em seu relacionamento, e nasce da segurança interior mútua. Ela não foi imposta a vocês de fora, mas se desenvolveu naturalmente a partir do respeito pelo espaço um do outro. Quando representa uma fase em uma situação contínua, o Mago destaca uma troca livre de pensamentos e sentimentos entre vocês.

A carta também pode se referir ao uso positivo da terapia como meio de fortalecer seu relacionamento ou resolver dificuldades.

O DESAFIO

Acima de tudo, a falta de comunicação está prejudicando seu relacionamento neste instante. É como se houvesse um muro entre vocês, e mesmo quando tentam conversar, nenhum dos dois entende o outro de fato. Novamente, tenha cuidado com o aspecto trapaceiro do Mago, pois ele é enfatizado quando esta carta é invertida. Quem está enganando quem? E com que finalidade? Uma análise clara e imparcial é o que o Mago exige e, infelizmente, ela não existe na condição atual. Talvez nem tudo esteja perdido, mas este é um momento para levar as coisas dando um passo de cada vez, em vez de tomar decisões irrevogáveis.

Esta carta também pode se relacionar a planos fracassados. Uma preciosa viagem juntos pode ter sido cancelada no último minuto, ou a casa para onde vocês esperavam se mudar não está mais disponível. É como se o Destino estivesse trabalhando contra vocês, e isso pode fazê-lo culpar o relacionamento ou seu parceiro. O ressentimento cresce sob a superfície quando pensamentos não são expressos. Parem para conversar um com o outro e essa fase passará.

SOBRE O FUTURO

A DÁDIVA

O Mago convida você a iniciar as coisas, a agir, e pressagia o progresso. Se você não estiver envolvido com ninguém, mas conheceu alguém em quem está interessado, arrisque e entre em contato. É improvável que você se desaponte, ou seja rejeitado, pois desta vez tudo o que tem a perder são suas inibições.

O DESAFIO

Vencer a inércia nunca é simples. Mas esse é seu desafio, e você pode precisar de ajuda para alcançar esse objetivo. Você nescessita entrar em contato com seus sentimentos agora, pois quanto para mais longe se afastar do seu centro verdadeiro, mais deprimido deve ficar.

II – A SACERDOTISA

Planeta regente: a Lua

Senhora da Lua, a Sacerdotisa senta-se à frente do portal para o inconsciente. Ela carrega um livro de sabedoria esotérica, mas não entrega seu conteúdo com facilidade, pois ela é a essência do mistério. Ela representa a face velada e virginal da Grande Deusa, que só pode ser vislumbrada pelos iniciados após muitas tentativas.

Regida pela Lua, ela é o eterno feminino, a guardiã dos segredos, a feiticeira sábia dentro de todos nós que pode abrir as portas da percepção.

SOBRE VOCÊ

A dádiva

A Sacerdotisa traz um valioso presente para você. Mesmo assim, ele é tão sutil que você pode não perceber que ela está lhe oferecendo. Olhe para seu interior, pois esse ser mágico está chamando-o para as partes mais profundas e misteriosas da sua alma.

Neste momento, sua intuição está muito potente. Você pode experimentar sonhos vívidos, enquanto partes do seu inconsciente começam a se revelar para você. Esta carta está lhe dizendo para prestar atenção a essas coisas, pois mesmo se elas parecerem obscuras a princípio, existe nelas uma mensagem apenas para você, uma que o ajudará a entender a si mesmo enquanto novas intuições sobre a natureza do amor vêm à superfície.

A lógica não tem lugar neste momento, pois você está aprendendo a confiar nos seus instintos. Pode ser um processo lento, em particular se você tiver bloqueado essas sensações no passado. A expressão criativa ou meditação guiada podem se mostrar esclarecedoras. Será preciso paciência daqui em diante, além de uma mente aberta, pois você pode explorar muitos caminhos diferentes antes de descobrir aquele que é certo para si mesmo.

Há tanto mudando e emergindo dos reinos interiores neste momento que você pode se sentir antissocial, incapaz de lidar com novas pessoas. Bem-vindo a este momento de quietude, pois sua psique precisa dele para se adaptar e se expandir.

O desafio

Todas as cartas do Tarô têm uma sombra, e aquela projetada pela Sacerdotisa invertida é particularmente escura. A palavra-chave aqui é repressão, do tipo que se estende até o passado. Você pode estar reprimindo sua intuição, com medo de perder o controle se deixá-la livre. Pode estar infeliz em um relacionamento, mas não saber por quê. Talvez você esteja sonhando com um amor do passado ou fantasiando sobre alguém que não pode ter. Esses devaneios podem afetar sua perspectiva e emoções atuais.

Seu relacionamento com sua mãe ou tutor parece ser um problema neste momento. O que aconteceu entre vocês pode afetar seu ponto de vista emocional e comportamento atuais.

SOBRE SEU PARCEIRO

A DÁDIVA

Seu parceiro é enigmático. Mesmo assim, isso o fascina, pois o faz querer se aprofundar mais. A *persona* elusiva, característica de um indivíduo assim, é atraente, não desagradável. Essa é uma pessoa de grande força interior, tremendamente bem ajustada. Seu trabalho pode envolver segredos de algum tipo, ou descobrir fatos ocultos. Psicoterapia, cura, astrologia ou lei criminal são sugestões, assim como qualquer trabalho que envolva criar coisas vindas do próprio íntimo.

Seu parceiro é inclinado a levar as coisas devagar, revelando sentimentos apenas quando ele ou ela tem certeza deles. Uma característica dessa pessoa é uma habilidade incrível de sentir mudanças de humor, de saber exatamente como você está se sentindo. É como se vocês já tivessem se conhecido antes e não precisassem explicar tudo. Existe entre ambos a sensação de uma conexão de almas, um amor espiritual e sensação de reconhecimento. Essa provavelmente é uma pessoa cujo humor varia com a Lua, com as estações do ano, com a hora do dia. Não há nada simples sobre esse indivíduo e, mesmo assim, sua lealdade a você e seu relacionamento nunca vacila.

O DESAFIO

Na posição invertida, a Sacerdotisa indica que apesar de uma forte ligação emocional, você acha esse parceiro inalcançável e virtualmente impossível de entender: ambivalente em um momento, e abertamente amoroso e generoso em outro. Ele ou ela pode se afastar de forma misteriosa por longos períodos e então reaparecer como se nada tivesse acontecido, dando respostas confusas e elípticas a quaisquer perguntas. Pode ser que essa pessoa esteja envolvida em outro lugar ou seja incapaz de se entregar a você por causa de dores e traumas passados.

Um relacionamento pleno não é possível neste momento, sua associação está em estado de fluxo. Espere para ver, mas não coloque todas as suas esperanças e sonhos nessa pessoa.

SOBRE O RELACIONAMENTO

A DÁDIVA

Aqui está um relacionamento rico, que se desenvolve e floresce com o passar do tempo. Sua intuição compartilhada e compreensão tácita ligam vocês espiritual, emocional e fisicamente. O sexo expressa tudo o que vocês sentem um pelo outro, sua confiança mútua permite aos dois se fundirem sem medo ou sensação de perda.

Explorar fantasias, contar seus sonhos um para o outro e compartilhar seus segredos mais íntimos são parte desse relacionamento. Vocês são excepcionalmente sensíveis às necessidades e humores um do outro. Existe uma compreensão sem palavras entre ambos que é muito especial. Seu relacionamento pode ensiná-los muito sobre a natureza do amor. Ele oferece a vocês dois a oportunidade de desenvolver o lado feminino da sua natureza: nutrir um ao outro sem sufocar ou controlar.

Dentro de um relacionamento duradouro, a Sacerdotisa indica o desenvolvimento do amor espiritual. Um interesse mútuo por temas paranormais ou da "Nova Era" pode inspirar vocês dois a explorarem novos rumos à medida que descobrem o mundo oculto em seu interior.

O DESAFIO

Invertida, a Sacerdotisa avisa que a fantasia não deve superar a realidade neste momento. Seu relacionamento não é o que parece, se existir um relacionamento real. Você pode estar desejando alguém que não está disponível, ou alguém que você colocou em um pedestal em sua imaginação.

Você pode estar envolvido com alguém que é, na verdade, muito fútil, embora suas palavras possam dar a impressão de profundidade emocional. Talvez seu parceiro tenha dito que vocês são almas gêmeas, e que estiveram esperando um pelo outro a vida toda. Essa pessoa "sabe" que vocês estão destinados a estarem juntos, pois isso é parte do seu "carma" compartilhado, um padrão estabelecido em vidas passadas. O tempo dirá se essas afirmações são verdadeiras, mas enquanto isso, tenha cuidado.

Finalmente, é indicado o isolamento emocional. Mesmo se morarem juntos, um de vocês se sente um forasteiro. Tudo pode parecer bem na superfície, ou em público, mas um dos parceiros está solitário e infeliz, e não consegue comunicar essa sensação de estar isolado e ser desnecessário. As lições do Mago foram ignoradas, pois o problema poderia ter sido resolvido se os dois se abrissem.

SOBRE O FUTURO

A DÁDIVA

A Sacerdotisa anuncia um momento de crescimento espiritual. Você pode tomar medidas para desenvolver habilidades psíquicas ou descobrir novas formas de expressar sua imaginação. Sua sensibilidade ampliada enriquecerá todos os seus relacionamentos, conforme descobrir novas profundidades de compreensão e intuição dentro de si.

O DESAFIO

Seria imprudente continuar com quaisquer planos, pois sua situação não é o que parece na superfície. Inimigos ocultos ou informações secretas eventualmente emergirão e você será capaz de ver exatamente com o que está lidando. Até então, paciência e cautela serão necessárias.

III – A IMPERATRIZ

Planeta regente: Vênus

A Imperatriz é a abundância e a fertilidade encarnadas. Dourada e gloriosa, ela está de pé em meio ao milho maduro em uma paisagem vibrante e viva.

Régia, porém infinitamente amorosa e acessível, a Imperatriz guia todos os que buscam criar e celebrar a beleza.

Seus laços míticos remontam às deusas da natureza, e ela reina sobre os frutos da terra. Regida por Vênus, planeta do amor e da harmonia, muitas vezes simboliza a realização. Ela é a Lua cheia, o Sol do meio-dia, a época da colheita e a fruição.

SOBRE VOCÊ

A DÁDIVA

Seus pés estão plantados firmemente na terra neste momento e você é capaz de viver no presente. Sua consciência sensorial está ampliada. Tirar proveito dela lhe traz um prazer maravilhoso.

Se você estiver envolvido em um relacionamento significativo, sua vitalidade o ajudará a criar momentos memoráveis para compartilhar. Todos os seus apetites físicos estão ampliados pela Imperatriz; seus sentidos estão bem afiados e suas emoções, calorosas e expansivas. Cozinhar refeições deliciosas para amigos e amantes, encher seu lar com flores perfumadas e se sentir especialmente criativo em sua abordagem dos detalhes cotidianos são coisas expressas pela Imperatriz.

Seja qual for seu trabalho, sua criatividade crescente só pode beneficiá-lo. Aqueles que não pintam, escrevem ou tocam música às vezes negam quando ouvem que são criativos. Contudo, a potente magia da Imperatriz evoca um estado de mente, uma forma de abordar os problemas, um modo de viver. Quando a Imperatriz aparece, ela denota pensamento lateral e o aconselha a relaxar e a esperar por inspiração.

A Imperatriz, ligada como está a Vênus, também expressa a beleza física. Você pode escolher recriar sua aparência neste momento, mudando de penteado, por exemplo, ou pode encontrar uma forma de exercício que seja prazerosa e estimulante, ou desfrutar uma massagem sensual. Seu prazer radiante com seu próprio corpo e mente é tão ressonante que tem um efeito inspirador naqueles que você ama.

O DESAFIO

A Imperatriz invertida avisa sobre a criatividade sufocada. Seu corpo não é mais uma fonte de alegria, o poço dos seus sentimentos secou. Como essa é uma carta muito física, você pode estar passando por dificuldades sexuais, como frigidez, impotência, infertilidade ou uma completa falta de interesse por sexo. Uma gravidez interrompida ou concepção indesejada são outras possibilidades.

SOBRE SEU PARCEIRO

A DÁDIVA

Seu parceiro, como indicado pela Imperatriz, é acima de tudo um indivíduo caloroso e amoroso. Seja ele homem ou mulher, existem qualidades femininas visíveis em tudo o que ele ou ela diz e faz. Essa é uma pessoa atenciosa, que nutre você, envolvendo-o no calor do seu amor. O amor que você recebe do seu parceiro é forte e profundo. Mas não imagine que pode manipular ou tirar vantagem desse indivíduo. Se você tiver problemas, seu parceiro moverá céu e terra para ajudá-lo a ajudar a si mesmo. Lembre-se de que a Imperatriz é uma rainha, ela é poderosa, sábia e está ciente dos seus próprios limites. De maneira similar, seu parceiro é uma pessoa muito independente.

A verdadeira força do seu companheiro está em sua sensualidade sem igual. Incapaz de separar sexo e amor, esse indivíduo se entrega livremente de todas as formas. Voluptuoso e tátil, seu parceiro é um amante afetuoso, responsivo e desinibido.

O DESAFIO

A Imperatriz invertida sugere um parceiro promíscuo, ou que está experimentando problemas sexuais. Se sentir que a primeira interpretação se aplica, você pode estar sendo usado por alguém que não o ama de verdade. Quando estão juntos, você pode se divertir porque, no melhor caso, a carta mostra alguém que lhe dá prazer temporário. No pior, indica um "Don Juan", de qualquer sexo, que está fazendo um jogo complexo e terrível com você.

Em um relacionamento mais profundo, o problema sexual pelo qual seu parceiro está passando provavelmente é temporário, com exceção da infertilidade diagnosticada por um médico. Seja qual for, ajuda profissional pode ser necessária. Um problema assim não indica falta de amor, mas sim maior necessidade de afeto e compreensão entre vocês.

SOBRE O RELACIONAMENTO

A DÁDIVA

Como indicador do relacionamento, a Imperatriz promete alegria e realização. Essa é uma carta de compromisso de longo prazo, de amor e prazer duradouros. Acima de tudo, ela encarna a criação. Dentro desse relacionamento você pode começar uma família, pois gravidez, nascimento e crescimento estão inseparavelmente ligados à Imperatriz. Se escolher não ter filhos, ou as circunstâncias impedirem essa opção, outro tipo de "criança" pode nascer dessa parceria. Vocês podem abrir um negócio juntos, por exemplo, criando uma estrutura bem-sucedida e próspera para suas vidas.

Muitas vezes, a Imperatriz é associada ao conforto material e ao lar. Seu relacionamento pode se concentrar nisso conforme vocês trabalhem para criar um ambiente belo, entreter seus amigos e aproveitar momentos tranquilos e amorosos juntos. Cultivar plantas, dentro ou fora de casa, provavelmente é outro prazer compartilhado em suas vidas, pois a Imperatriz nunca pode ser separada da natureza.

A harmonia de mente, corpo e espírito prevalece nessa união. Vocês complementam um ao outro muito bem, pois os dois sabem como se divertir. Comida deliciosa e vinho proporcionam um foco para seu tempo juntos: os dois gostam de se mimar de vez em quando. Luz de velas, óleos perfumados, seda, veludo e música são outros ingredientes que podem adoçar sua vida sexual. Não é necessário dizer que sua relação física é absorvente, já que os dois são responsivos e sensíveis um ao outro.

O DESAFIO

O que quer que vocês façam, nada parece estar dando certo no momento. Seu relacionamento está estagnado e preso em uma rotina. Há muitos motivos possíveis para esse impasse. Se vocês estiverem tentando ter um filho, podem ter ficado desapontados. A infertilidade pode estar debilitando o relacionamento e colocando os dois sob tensão. Talvez vocês acreditem que sua união é incompleta sem um filho, ou o simples desejo de ter uma família eclipsou o valor daquilo que ambos compartilham.

Vocês também podem estar passando por um momento financeiramente difícil. De novo, há a sensação de tensão por causa de algo fora do seu controle imediato. O velho ditado: "Quando o dinheiro sai pela janela, o amor sai pela porta", pode parecer, infelizmente, aplicável a vocês neste momento. Mesmo assim, a Imperatriz rege os ciclos eternos da natureza.

Seu retiro anual para o submundo é seguido pelo seu retorno triunfante na primavera. A mudança pode ser lenta, mas virá.

SOBRE O FUTURO

A dádiva

Você está prestes a experimentar um momento de abundância em sua vida. Colhendo os frutos do trabalho passado, pode expandir e desenvolver criatividade e materialidade. Mesmo se estiver sozinho, o que é improvável, seu sentimento de amor pela vida é tão poderoso que ilumina seus dias e noites.

O desafio

Limitação e desconforto marcam esta fase. Você se sente empobrecido emocionalmente, como se tivesse pouco ou nada a oferecer. Um relacionamento importante pode ter terminado recentemente, e você está experimentando os resultados desagradáveis e dolorosos. Lembre-se da natureza cíclica da Imperatriz, e encoraje-se com o conhecimento de que um novo período de crescimento está a caminho.

IV – O IMPERADOR

Signo regente: Áries

No Imperador encontramos a essência da masculinidade, maturidade e paternidade. Ele escalou as montanhas mostradas nesta carta e venceu as adversidades. Representa a potência e a habilidade de canalizar energias para onde elas são necessárias. O Imperador é o senhor de tudo que vê, a personificação da vitalidade duradora.

Regido pelo assertivo Áries, o Imperador simboliza o guerreiro espiritual, dinamismo, ambição e estrutura. Áries é o primeiro signo do zodíaco natural, e o Imperador é a primeira figura masculina no Tarô, pois o Louco e o Mago são ambos figuras andróginas.

SOBRE VOCÊ

A DÁDIVA

Sua capacidade de se afirmar está ascendendo. Suas ambições mundanas são especialmente importantes neste momento, e é provável que você esteja direcionando muita energia para alcançar o sucesso.

Por trás do Imperador estão as figuras do Louco, do Mago, da Sacerdotisa e da Imperatriz, representando iniciação, coordenação, intuição e criatividade. Aqui todas essas lições separadas têm uma oportunidade de se fundirem com a estrutura sólida do Imperador. Quando você recebe essa carta, está em um estado de mente prático e realista. Pode agir, organizar seus assuntos financeiros e trabalhar duro sem ficar aborrecido ou cansado.

Suas atitudes em relação às esferas emocional e social são igualmente pragmáticas neste momento. Há um senso de dinamismo, e você quer fazer as coisas acontecerem. Muitas vezes, o Imperador aparece durante uma fase de extroversão. Sua autoconfiança está alta, você sabe que não tem nada a perder buscando o que quer. Romanticamente, isso significa que você está inclinado a iniciar encontros. Em um relacionamento estabelecido, poderá planejar uma mudança ou viagem há muito adiada, ou agir para resolver quaisquer tensões entre você e seu parceiro.

Se estiver sozinho, pode decidir se inscrever em uma agência de encontros, ou fazer um esforço consciente para conhecer novas pessoas. Tomar o destino em suas mãos é a essência do Imperador.

O DESAFIO

Você pode se sentir impotente quando recebe o Imperador invertido. Lidar com autoridades neste momento é algo repleto de dificuldades, e esteja isso se manifestando como um parceiro dominante, problemas com seu pai ou batalhas com oficiais, você parece não estar fazendo nenhum progresso. Paradoxalmente, neste momento a liberdade está dentro dessas estruturas. Este não é o momento de se rebelar, em vez disso tente entrar em contato com sua própria necessidade de controlar os acontecimentos e use a lógica para lidar com quaisquer problemas.

SOBRE SEU PARCEIRO

A DÁDIVA

O Imperador simboliza alguém que tem poder mundano. Geralmente, ele ou ela é bem-sucedido e muitas vezes bastante rico, talvez alguém que tem sua própria empresa. Essa é uma pessoa assertiva e confiante com um lado masculino forte em sua natureza.

O Imperador preside a parte do cérebro associada à razão, à lógica e às habilidades de lidar com tempo e números, que são características pertencentes a qualquer um simbolizado por esta carta. Áreas de carreira típicas que refletem essas habilidades são: política, ciência da computação, forças armadas, trabalho policial, ciência e empreendimentos corporativos. A frase "Quando é duro avançar, os duros avançam" resume esse indivíduo. Coragem e perseverança estão entre as qualidades mais admiráveis do seu parceiro, cuja assertividade não é simplesmente barulho e palavras vazias. O Imperador não é um valentão, mas sim alguém que aprendeu como enfrentar os medos com determinação. Esse parceiro conhece sua própria mente e está preparado para defender princípios, pessoas amadas e posição social contra quaisquer ataques.

A energia física do Imperador deve encontrar uma forma de expressão em esportes de algum tipo, especialmente os competitivos. Essa é uma pessoa que gosta de correr ou jogar tênis, mas considera uma disciplina mais contemplativa, como a ioga, lenta demais. A atitude inata do seu parceiro em relação ao sexo também é direta, tratando-o como um prazer descomplicado. Sua paixão é ardente, aberta e espontânea.

O desafio

A assertividade natural do seu parceiro se tornou egoísta e arrogante. Ele ou ela é incapaz de considerar suas necessidades neste momento e, por consequência, você pode se sentir usado e abusado. Você pode precisar confrontar seu parceiro de alguma forma, forçar um confronto. Quando sua raiva reprimida for liberada, poderá ver a situação e seu parceiro com mais clareza. Não permita que seu ressentimento o envenene neste momento.

SOBRE O RELACIONAMENTO

A dádiva

O Imperador indica uma parceria forte e duradoura. Esse relacionamento é particularmente resistente a pressões externas, pois é flexível o bastante para se adaptar, e vocês dois são honestos o suficiente para enfrentar problemas sem entrar em colapso.

Esta carta pode aparecer quando seu relacionamento está sendo testado de alguma forma prática. Por exemplo, vocês podem se sentir comprometidos um com o outro e planejarem se casar e criar um lar juntos. Tomar essa decisão trouxe à tona medos e dúvidas nos dois. Isso é natural, mas pode destruir uma aliança instável. Vocês devem lutar por seu amor e seu futuro juntos. Sigam o exemplo do Imperador, ele escala montanhas e descansa os olhos sobre os horizontes distantes do seu reino. Neste momento, seu relacionamento é seu reino compartilhado. Vocês devem unir forças e, se necessário, admitir seus medos e vulnerabilidade um para o outro. Isso só fortalecerá sua parceria e aprofundará sua amizade.

Ação consciente é um atributo fundamental desta carta e da sua parceria. Seu relacionamento parece simples neste momento, vocês se veem como uma equipe; têm muito a conquistar juntos e muitas camadas a explorar. Neste instante, seu relacionamento funciona bem tanto no nível prático quanto no físico. Esses níveis representam seu alicerce, a base inabalável da sua atração um pelo outro, mas é apenas a ponta do *iceberg*, existem diversas sutilezas e nuances emocionais que ainda emergirão.

O DESAFIO

Há algo de calculado nesse relacionamento. Um ou ambos podem estar usando o outro para conquistar *status*, segurança ou inflar seu ego. Infelizmente, a nutrição emocional está ausente em sua aliança neste momento. Esta carta pode indicar parcerias desequilibradas de vários tipos. Existe o homem mais velho e poderoso que quer uma linda mulher mais jovem para aliviar seu medo de envelhecer, há a mulher que se sente pouco feminina e insegura sem um acompanhante bonito e as pessoas de qualquer sexo que, simplesmente, usam outras para conseguir gratificação física.

Disputas pelo poder de qualquer tipo também são sugeridas neste momento. Vocês podem estar lutando pelo controle do relacionamento e seu rumo, colocando suas vontades contra as do outro, ambos convencidos de que estão certos e seu parceiro errado. Apenas uma mudança radical de atitude pode aliviar as tensões nesse caso.

SOBRE O FUTURO

A DÁDIVA

Ações positivas colhem as recompensas neste momento. Não é hora de hesitar, mas de juntar sua coragem e força e sair para o mundo. Você é corajoso o bastante para ser vulnerável, e tem tudo a ganhar confrontando os outros e dizendo o que pensa. Assuntos emocionais inacabados o impediram no passado, agora você é capaz de lidar com o problema e progredir. Sua velocidade pode surpreendê-lo.

O DESAFIO

Quando há tanto concentrado no mundo exterior, o interior sofre. Seu desafio agora é tornar-se consciente dos seus sentimentos, encarar o medo de frente e avaliar realisticamente o que precisa ser feito.

V – O HIEROFANTE

Signo regente: Touro

O Hierofante, também conhecido como o Papa, é a ponte entre aspirações e realização, regendo recursos nos níveis material e espiritual. Uma figura verdadeiramente medieval, ele se senta em seu trono com uma mão erguida, abençoando. Dois acólitos se ajoelham aos seus pés, prestando-lhe a homenagem devida como líder da Igreja.

Regido pelo primeiro signo terrestre do zodíaco, Touro, o Hierofante não pode ser dissociado do mundo tangível, da ordem, da sociedade e da iconografia.

SOBRE VOCÊ

A DÁDIVA

Você está se aproximando de alguma forma de iniciação neste estágio da sua vida. Tal iniciação muitas vezes toma a forma de um compromisso. Os vínculos do Hierofante com a educação e a religião sugerem a ideia de ensinar e aprender. Neste momento, você pode estar aumentando seus conhecimentos ou compartilhando o que já sabe com outros.

Sua necessidade de estruturas formais pode vir à tona neste momento. Dentro do seu lar, você pode estabelecer novas rotinas ou reorganizar tudo. Regularidade, segurança e ordem são necessárias para você agora, pois elas proporcionam um pano de fundo sólido, um ritmo confortador para seus dias. Esta carta é sobre seus recursos, talentos e bênçãos. Como você usa o que tem? Como administra seu dinheiro, seu tempo, suas habilidades? O Hierofante guia-o para uma apreciação sólida dessas coisas e, muitas vezes, simboliza uma avaliação realista dos aspectos práticos da vida. Você pode reexaminar valores familiares, buscando no passado pistas para seu comportamento e pontos de vista atuais. Pode sentir a necessidade de crescer e assumir as responsabilidades da vida adulta.

Seu desejo por compromisso pode levantar a questão do casamento. Tenha ou não um parceiro, seja ou não heterossexual, você pode sentir a necessidade de um futuro compartilhado estável. Em todos os aspectos da vida, você busca definição e evita permissividade e anarquia.

O DESAFIO

Invertido, o Hierofante sugere desordem e rebelião. Seus valores, sejam aqueles sancionados pela sociedade ou pela sua família, estão sendo questionados e muitos deles podem ser rejeitados como inapropriados para você neste momento. Agora, você deve examinar sua vida exterior, bem como suas crenças íntimas. O que funciona para você? O que é prático? O que o está limitando? Acima de tudo, pergunte-se o que pode ser reinspirado e o que não é mais necessário. É hora de criar um conjunto novo de regras para seguir.

SOBRE SEU PARCEIRO

A DÁDIVA

Seu parceiro representa um professor, alguém que pode despertá-lo mental e espiritualmente, que é sábio e estável, paciente e calmo, disposto a compartilhar seu conhecimento com você. Esse ensino não é paternalista, mas nasce de um amor sincero por aprender e explorar. Profissionalmente, esse indivíduo pode, sem dúvida, ser um professor, inclusive universitário, ou palestrante de algum tipo. Música clássica, estudos religiosos ou astrologia podem interessar a essa pessoa, que gosta de coisas estruturadas e equilibradas. "Um lugar para cada coisa e cada coisa em seu lugar" é uma das máximas do seu parceiro, pois sem ordem ele ou ela não funciona bem, sua criatividade sofre e seus níveis de energia diminuem.

Esse indivíduo tipicamente é cuidadoso com dinheiro no cotidiano, mas é capaz de extravagâncias espontâneas ocasionais, quando o deus da desordem se faz sentir. No aspecto romântico, também, há uma sensação geral de controle e consideração, que pode ser perturbada por explosões de intensidade apaixonada e expressões repentinas de amor e desejo. Ciente dessas limitações, mesmo assim, seu parceiro é uma personalidade positiva.

O DESAFIO

Seu parceiro pode parecer surpreendente, sobretudo em assuntos profissionais, e você fica impressionado com as realizações, riqueza material ou estabilidade aparente que ele ou ela demonstra. Porém, é provável que a maturidade aparente desse parceiro seja apenas superficial. Reprimido emocionalmente, esse indivíduo pode hesitar em expressar sentimentos de amor e paixão. Torturado pela insegurança, seu parceiro pode tentar controlá-lo ou dominar o relacionamento. Essa pessoa anseia por adoração, mas se afasta de todos que se aproximam demais do seu eu verdadeiro. Por trás da *persona* bem-sucedida se esconde uma criança aterrorizada que teme o amor verdadeiro.

SOBRE O RELACIONAMENTO

A DÁDIVA

A interpretação mais clássica do Hierofante é a de um casamento formal e legal. O reconhecimento público da sua união pode ser o próximo passo para vocês dois neste momento. Preocupado como é com a forma exterior, o Hierofante está inescapavelmente conectado a rituais e ritos de passagem.

O conceito do casamento como enunciado por esta carta tem numerosas camadas de significado, tanto no nível mundano quanto no mais espiritual. Ao longo dos séculos, a cerimônia de casamento sofreu muitas transformações. Nas primeiras sociedades matriarcais, em que a riqueza passava de mãe para filha, o parceiro (homem) podia ser amado, mas não era importante em termos de *status* material. Mais tarde, quando as mulheres foram subjugadas por lei, o casamento se tornou mais um acordo de negócios envolvendo dotes, estratagemas para conquistar poder e negociações demoradas.

O verdadeiro significado esotérico do casamento como um laço sagrado também é encontrado nesta carta. Aqui, o casamento pertence aos mundos interior e exterior, a fusão com uma alma gêmea é refletida em um ritual jubiloso e vívido: o casamento. Os vínculos do Hierofante com o Diabo são simbólicos desse acontecimento sagrado. Em Delfos, na Grécia Antiga, o templo sagrado de Dionísio, deus do êxtase, foi encontrado enterrado profundamente na terra, abaixo do famoso templo de Apolo, deus da razão. Assim, os deuses da razão e do abandono, representados respectivamente pelo Hierofante e pelo Diabo, equilibram um ao outro. A ordem é vivificada pelo contato com a natureza e a espontaneidade. A folia desenfreada se torna frutífera pela contenção e moderação. Cada um aprende e se beneficia dos mistérios do outro, como em um casamento ideal cada parceiro aprecia e enriquece o outro.

O DESAFIO

A preocupação com a aparência exterior ou o *status quo* pode estar ofuscando seu relacionamento neste momento. Se vocês forem casados, ou dividirem uma propriedade, podem apresentar uma fachada de união para o mundo. Contudo, essa aparência não condiz com o que realmente está acontecendo no relacionamento.

Um parceiro pode achar o relacionamento atual sufocante. Talvez seus acordos precisem ser repensados em linhas menos convencionais. O Hierofante invertido pode prenunciar uma crise em uma parceria estabelecida, uma que pode destruí-la completamente ou regenerá-la em linhas novas e mais honestas. O que quer que aconteça deve ser visto como uma experiência necessária. Quando o espírito da anarquia vem à tona em um relacionamento, geralmente é por uma razão excelente.

SOBRE O FUTURO

A DÁDIVA

O Hierofante oferece as dádivas da razão, autoconhecimento e disposição para assumir um compromisso. Você está prestes a realizar mudanças importantes e duradouras em sua vida, mas elas serão cuidadosamente planejadas e executadas com habilidade. Neste momento, tudo está em ordem, e logo você estará pronto para avançar para o próximo estágio.

O DESAFIO

Você pode se encontrar em meio a mudanças indesejadas neste momento. Pode estar rejeitando muito do seu passado, alienando aqueles ao seu redor e questionando tudo o que faz. Tenha cuidado para não destruir aquilo que valoriza junto com o que está ultrapassado.

VI – OS ENAMORADOS

Signo regente: Gêmeos

A carta dos Enamorados personifica a antiga ideia esotérica dos opostos que se equilibram e não podem existir sozinhos. Misturando e equilibrando esses opostos, a união é alcançada. Muitas vezes, essa união é representada por uma terceira figura na carta, que pode ser um anjo, um cupido ou uma velha sábia. Os alquimistas se referiam a essa união mágica como o "casamento sagrado": a ligação harmoniosa entre homem e mulher.

A mensagem de dualidade é ampliada pelo signo do ar que rege a carta, Gêmeos, simbolizado pelos gêmeos. A carta representa escolhas, romance e união.

SOBRE VOCÊ

A DÁDIVA

Você está em um ponto interessante da sua vida quando recebe esta carta. Amor, casamento e romance podem estar em sua mente. Tamanho é o poder inerente desta carta que você pode ver seus sonhos se realizarem no futuro próximo.

Contudo, como ocorre com todas as cartas, há um significado mais profundo. A palavra-chave aqui é equilíbrio, pois esta carta denota tanto as energias masculinas quanto femininas. Você não é excessivamente agressivo nem perigosamente passivo. Isso é um bom sinal para sua vida amorosa e para quaisquer empreendimentos criativos que estiver planejando.

Se você estiver hesitando sobre um relacionamento, os Enamorados estão aqui para lhe dizer para jogar fora o livro de regras. Não há lugar aqui para representar papéis. Você está livre para se expressar de qualquer maneira. Isso pode indicar, por exemplo, uma mulher que sustenta o lar, um homem "dono de casa" ou um casal vindo de culturas diferentes. Pontos de vista convencionais não têm lugar em sua vida neste momento. Seus instintos o estão guiando na direção certa, então confie neles.

Não há dúvida de que sua disposição agora é amorosa, expressiva e sensual. Você também pode estar a ponto de fazer uma escolha importante em sua vida, uma que pode mudar toda sua perspectiva e direção.

O DESAFIO

A carta dos Enamorados invertida representa problemas de controle, insegurança e ciúme. Você pode estar destruindo um relacionamento por causa de comportamento possessivo e da inabilidade de confiar em seu parceiro.

Você também pode estar experimentando uma fase estranha, na qual se sente isolado dos seus sentimentos e expressão sexual normal. É como se tudo dentro de si tivesse sido congelado e você estivesse sem contato com seu coração. Você pode estar com medo de experiências emocionais ou relutante em relaxar no momento atual. Passar um tempo sozinho pode ajudá-lo a resolver essas dificuldades de forma positiva.

SOBRE SEU PARCEIRO

A dádiva

Qualquer parceiro simbolizado pelos Enamorados é importante. Essa pessoa sempre significará muito para você, agora e no futuro. Ele ou ela entrou em sua vida para um propósito, e sua ligação com essa pessoa deve ser valorizada.

Em geral, essa carta indica um novo parceiro, pois está associada à primavera do amor, quando tudo é fresco e novo. Seu parceiro está fascinado por você e elevado em uma deliciosa nuvem de romance. Aqui está alguém que fará aflorar o melhor em você. Uma carta de Gêmeos, os Enamorados indica uma comunicação positiva entre ambos. Seu parceiro é alguém que o encoraja a falar sobre si, que compartilha seu senso de humor peculiar e deve estimulá-lo mentalmente, assim como física e emocionalmente.

Seu parceiro o empolga sexualmente, e deve se mostrar um amante criativo. Essa é uma pessoa vibrante e romântica, cujo amor deve inspirá-lo a alcançar alturas maiores.

O DESAFIO

Invertida, a carta dos Enamorados sugere um indivíduo instável e inseguro que pode tentar manipulá-lo. Essa pessoa pode fazer perguntas sem fim sobre seus movimentos, tornar-se irracionalmente ciumenta e até mesmo se afastar de você para testar seus sentimentos.

Um parceiro assim pode ser adepto em usar o sexo para fazer o equilíbrio do poder pender a seu favor. Se o sexo for negado de repente, isso pode indicar uma raiva oculta em seu parceiro. Essa pode ser uma pessoa muito egoísta que é emocionalmente incapaz de dar aquilo de que você precisa. Frieza e falta de comunicação podem ser um problema. Um compromisso simples pode criar dificuldades, fazendo seu parceiro recuar ou terminar o relacionamento, muitas vezes sem uma explicação adequada.

SOBRE O RELACIONAMENTO

A DÁDIVA

Quando a carta dos Enamorados pressagia um relacionamento, ela sugere um que é poderoso e duradouro: muito mais do que um caso passageiro. Essa associação pode até mesmo levar ao casamento, embora a carta em si não simbolize uma união legalizada.

O amor romântico está no ápice aqui. Felizmente, ele também é bem equilibrado: seus sentimentos são mútuos e há um tremendo potencial para o crescimento. Esse relacionamento provavelmente começará com uma atração sexual animada, cheia de flertes e diversão. Mas a profundidade da ligação logo se faz sentir. Ambos os parceiros são capazes de expressar seu amor sem medo ou reservas.

Vocês têm muito a dar um para o outro, muito a compartilhar. A força desse relacionamento é tal que ele pode ajudar ambos a resolver quaisquer conflitos que ainda possam ter como resultado de mágoas ou erros passados. Vocês estão em sintonia neste momento, portanto, honrem esta união especial.

O DESAFIO

A carta dos Enamorados invertida indica desequilíbrio e desarmonia no cerne de um relacionamento. Esses problemas podem ser resolvidos com amor, compromisso e comunicação.

Diversão sexual despreocupada raramente, ou nunca, é indicada pelos Enamorados. Essa carta não aponta o clássico "romance de fim de semana" ou uma amizade sexual simples que pode ser abandonada com relativa facilidade. Pelo contrário, em geral sentimentos poderosos estão envolvidos, e é provável que alguém se magoe. Tipicamente, um parceiro se apaixona, enquanto o outro continua indiferente, calmo e senhor de si. A falsidade também é indicada por essa posição, indo desde mentiras simples até uma teia complexa de autoenganos que pode acabar causando caos.

Muitas vezes, aparecem três figuras nesta carta. De modo similar, três figuras podem aparecer na vida real também. Pode existir um "triângulo eterno", ou vocês dois podem estar inclinados à infidelidade. Como as escolhas também estão ligadas a esta carta, o melhor é não tomar decisões definitivas neste momento. A situação pode parecer muito difícil, mas a angústia está nublando seu julgamento atual. Faça o que for possível para melhorar as coisas, e espere estar em um estado de espírito mais calmo antes de agir. No fim, a escolha estará clara como cristal para você.

SOBRE O FUTURO

A DÁDIVA

Você chegou a uma encruzilhada em sua vida, um ponto de inflexão que pode afetar seu lar e carreira, bem como seus relacionamentos. Pense com cuidado antes de escolher o que quer fazer, já que agora seu futuro está em suas mãos e depende de você agarrar as oportunidades de felicidade. Se estiver sozinho no momento, não ficará sem alguém especial por muito tempo.

O DESAFIO

Apegar-se firmemente ao passado pode impedir o crescimento futuro. Você está hesitando porque prefere segurança acima de tudo? A mudança pode não ser inevitável neste momento, mas está chegando. Se resistir com excesso de vigor, pode descobrir que sua vida será afetada por forças externas no futuro.

VII – O CARRO

Signo regente: Câncer

O Carro indica progresso precedido por uma luta significativa. O condutor, uma figura andrógina, está de pé em um veículo coberto por um dossel. Duas criaturas puxam o carro: uma preta, a outra branca. Elas simbolizam um tema persistente no Tarô: *yin* e *yang*, noite e dia, consciente e inconsciente. O condutor sabe que tudo contém em si seu oposto, sem o qual não pode ser inteiro.

Regido por Câncer, um signo do passado, de raízes e da proteção do futuro, o Carro também traz a consciência da natureza fluida do próprio tempo.

SOBRE VOCÊ

A dádiva

Você está em uma fase produtiva da sua vida. Sua combinação de energia, associada a um forte sentido de direção, sugere o sucesso. O Carro muitas vezes aparece quando você está chegando ao fim de uma estrada simbólica. Você tem feito um esforço considerável, lutando e trabalhando duro. Isso pode se aplicar ao seu trabalho, a seus relacionamentos ou a ambos. As coisas podem não ter sido fáceis, mas você não se rendeu à autopiedade ou à apatia. Sua tenacidade e seu senso de propósito o fizeram continuar, pois suas vozes interiores dizem que, quando o momento for certo, realizará seu sonho.

"Há uma estação para tudo, e um tempo para cada objetivo sob o céu" é a mensagem do Carro. Você tem agora a capacidade de ir longe, de desenvolver seus talentos ou aprofundar seu relacionamento. Agora, com a vitória logo virando a esquina, você deve aceitar a natureza transitória do sucesso. Se começar a contar com ele, ou acreditar que ele é o único caminho para a felicidade, pode sofrer um sério desapontamento mais tarde. O Carro contém um alerta contra a arrogância e o orgulho, tanto na posição normal quanto na invertida. Compartilhe sua felicidade e realizações e você realizará, coisas ainda maiores.

O desafio

Sua autoconfiança está baixa, bem como sua capacidade de se automotivar. Você pode se encontrar experimentando emoções desagradáveis, como inveja ou ressentimento pela felicidade dos outros, e se sentir incapaz de parar. Enfrentar os fatos pode ser difícil neste momento. Você não gosta da realidade e quer recriá-la, mas não consegue divisar como.

Seu parceiro pode ser mais bem-sucedido do que você, e você pode ter ciúmes do tempo que ele ou ela precisa ceder a outros. Se estiver sozinho, pode estar deprimido ou incapaz de sair e conhecer pessoas novas. Às vezes, essas condições negativas são simplesmente o resultado da exaustão. O Carro alerta-o contra o desperdício de energia.

SOBRE SEU PARCEIRO

A DÁDIVA

Seu parceiro sabe como ter sucesso, sendo aplicado, autodisciplinado e determinado. Ele é alguém que valoriza a segurança, precisando de uma base doméstica confortável e ambiente familiar para sair para o mundo e lutar. De modo similar, há a necessidade de um relacionamento seguro. Os amigos podem não ser numerosos, mas você pode ter certeza de que as pessoas queridas continuarão em sua vida por muitos anos. Se vocês já estão envolvidos, não tenha dúvidas de que seu parceiro continuará em sua vida por muito tempo.

O Carro representa alguém que não fica satisfeito em permanecer à margem. Romanticamente, ele ou ela não é adepto das parcerias casuais. Quando ele ou ela decidir que você é especial, fará todos os esforços para conquistar seu amor. E esperará que você seja igualmente devotado.

Essa pessoa é encorajadora e empática. Quando você está solitário, assustado ou simplesmente inseguro, será encorajado a superar seus sentimentos negativos. Talvez não seja dito muito, mas as ações mostrarão sua atenção com você.

O desafio

Seu parceiro pode estar passando por uma fase muito negativa e destrutiva. Essa fase pode tomar um de dois caminhos. Talvez a ambição e a cobiça estejam envenenando essa pessoa enquanto ela se torna obcecada com o sucesso. Ou então ele ou ela pode ter uma visão totalmente irrealista das suas habilidades, ou uma expectativa absurda de fama e fortuna. Essa visão irrealista pode estar levando à experimentação com drogas ou excesso de bebida.

Há uma inabilidade de se comunicar com você, pois você está próximo demais e pode ser visto como excessivamente crítico. É provável que essa pessoa culpe os outros pelos seus dilemas, achando quase impossível olhar para si mesma com objetividade. E, quando as coisas não vão bem, ele ou ela pode descontar em você. Seu parceiro pode ser muito difícil de amar, e você pode ficar melhor sem esse indivíduo.

SOBRE O RELACIONAMENTO

A dádiva

Seu relacionamento está progredindo agora para um compromisso mais profundo. O Carro pode aparecer depois de desentendimentos. Pode ter havido uma separação. Neste instante, entretanto, vocês estão reconciliados e ansiosos para recuperar o tempo perdido. Com certeza, as circunstâncias entre vocês melhoraram. Tenham sido suas dificuldades causadas por problemas financeiros, na carreira ou por incertezas, agora tudo ficou para trás.

Como o Carro trata de movimento, ele não pode predizer algo sólido como o casamento. Contudo, um noivado, decidir morar juntos ou concordar que vocês atingiram um novo estágio em sua amizade são manifestações possíveis. O Carro está ligado à ideia de vitória e triunfo, e agora seu relacionamento está evoluindo em direções positivas.

Uma celebração é merecida, pois vocês chegaram a um ponto importante em sua parceria. Agora podem olhar para trás sem rancor ou recriminação e se sentirem calmamente otimistas.

O DESAFIO

Seu relacionamento é limitado e limitante. É provável que seja algo temporário, já que, mesmo invertido, o Carro está ligado ao tempo, a ciclos e movimento. Porém, no momento, o tempo está parado e é difícil para vocês fazerem mudanças.

Um dos principais problemas pode ser o pouco tempo que vocês passam juntos, a sós. Há tantas pressões externas, em especial as de natureza financeira ou de negócios, que parece impossível corrigir isso. E, embora sua situação possa mudar no futuro, por ora vocês são forçados a aceitar um relacionamento insatisfatório.

De fato, a falta de confiança e a tendência a pensamentos negativos sugeridas aqui também podem estar afetando vocês dois. Por alguma razão, um de vocês perdeu a fé em seu relacionamento. Talvez sintam que falta magia. Novamente, entenda que esta carta não sugere diferenças insolúveis entre vocês, ainda há muitas coisas positivas, mas elas podem estar obscurecidas no presente. Uma reavaliação séria do seu relacionamento é necessária neste momento, somada a fé, paciência e força para fazê-lo funcionar.

SOBRE O FUTURO

A DÁDIVA

A mensagem do Carro é o movimento. Tradicionalmente, esse movimento é interpretado como progresso e êxito. Mas também pode pressagiar viagens significativas ou notícias importantes de lugares distantes.

O DESAFIO

Avaliar suas prioridades é crucial neste momento. O que você quer realmente? Como vai conseguir isso? Você está desperdiçando energia apoiando um parceiro sem amor ou prejudicial? Agora é a hora de se fazer essas perguntas e examinar as respostas cuidadosamente.

VIII – A FORÇA

Signo regente: Leão

A Força simboliza uma parceria duradoura entre a consciência e o instinto. Uma jovem adorável, a imagem da feminilidade, doma o poderoso leão. Ela não tem medo, pois o leão não é agressivo nem ameaçador. As duas figuras parecem estar envolvidas em um ritual bizarro. De fato, a mulher representa a consciência, enquanto o leão simboliza nossa natureza animal instintiva. Acima da cabeça da mulher está a figura do oito deitado, o símbolo da eternidade.

Regido pelo fogoso signo de Leão, cuja criatura simbólica é o orgulhoso felino, a Força está ligada à natureza fixa, leal e cheia de propósito desse signo.

SOBRE VOCÊ

A dádiva

Talvez a carta mais direta entre os Arcanos Maiores, a Força simboliza literalmente força. Ela pode se manifestar em muitos níveis, o mais óbvio sendo a força física. A presença do leão sugere graça e poder animais. Há um prazer intenso em estar vivo neste momento, em desfrutar seu corpo e cuidar de sua saúde, força e beleza singular.

Sua força também pode ser gerada internamente. Fundamentalmente, esta é a carta de um coração destemido, livre de dúvidas e cheio de amor. Você se sente generoso e positivo com aqueles que encontra neste momento. Sua coragem é uma força brilhante e viva dentro de si, que inspira seus atos. Seus ideais, convicção moral e profundo senso de propósito interior estão inabaláveis neste momento, pois sua força flui diretamente de seu espírito insaciável.

Às vezes, esta carta aparece quando sua vida está repleta de dificuldades, quando você está se recuperando de uma doença ou de uma agonia emocional. Sua mensagem é de esperança, da proverbial "luz no fim do túnel". Você pode estar enfrentando o futuro com medo e vacilação, mas sua força de vontade e fé prevalecem.

O desafio

Quando a Força cai invertida, a covardia desafia a coragem. O medo pode vencer temporariamente. Você pode estar sofrendo de ansiedade, depressão ou desespero quando recebe esta carta. Exaustão física pode piorar sua situação e você pode precisar de um período para se recuperar, durante o qual possa prestar atenção às necessidades que seu corpo tem de descanso, dieta saudável e exercício leve.

Se você tirar esta carta quando souber que está lutando de alguma forma pelos seus direitos, a Força o encoraja a reunir energias para uma última batalha. Você pode vencer agora. Sua força é considerável e exige apenas que você reconheça isso.

SOBRE SEU PARCEIRO

A DÁDIVA

Seu parceiro é honesto, otimista e direto, com uma natureza alegre que inspira os outros. Extrovertido, ele ou ela nunca fica deprimido por longos períodos, mas mesmo assim é improvável que seu parceiro tenha vivido uma existência pacífica. Esse indivíduo enfrentou muitos testes na vida e momentos de crise e abandono, com um misto muito humano de medo e determinação. Sua luz interior brilha ainda mais forte por isso, e a compaixão pelos outros nasce dos desapontamentos e infelicidade pessoal. As dificuldades da vida enriqueceram seu parceiro, pois sua exuberância e entusiasmo foram colocados à prova.

Uma pessoa de crenças firmes e objetivos definidos, seu parceiro é confiável e fiel. Aqui está alguém cujo amor é realista, que aceita quaisquer diferenças entre vocês com alegria e ternura. Lealdade e fidelidade são profundamente importantes, e quando assume um compromisso, seu parceiro espera os mesmos altos padrões de você. No fundo, essa pessoa é um romântico apaixonado, que acredita no amor eterno e na união duradoura.

O DESAFIO

Seu parceiro pode estar definhando em uma prisão criada por ele mesmo. Incapaz de ter uma atitude construtiva, ou assustado demais para fazer as mudanças necessárias, esse indivíduo é presa de pensamentos e sentimentos negativos. Você pode se encontrar dando saltos mortais simbólicos para tentar agradá-lo ou diverti-lo.

Esta carta pode indicar um desapontamento, talvez um emprego perdido, reprovação em uma prova ou um sonho destruído. Seu parceiro pode precisar de ternura e compreensão até que a ferida cicatrize. Todavia, se isso representar uma situação contínua, o modo de pensar negativo em que seu parceiro está preso só pode ser prejudicial no final. Às vezes, a Força invertida significa uma "noite escura da alma" que se deve enfrentar sozinho.

SOBRE O RELACIONAMENTO

A DÁDIVA

Em um relacionamento de longo prazo, a Força muitas vezes denota um momento de reconciliação mútua. Vocês podem ter adotado atitudes opostas e se viram presos em uma batalha que nenhum podia vencer. Agora, parece que ambos descobriram o meio-termo e são capazes de chegar a um compromisso que satisfaça os dois.

Vocês estão cheios de amor um pelo outro neste momento. De fato, seu antagonismo mútuo mostrou aos dois os pontos onde o relacionamento era insatisfatório. Sua luta foi um modo positivo de liberar a tensão que havia se acumulado. Dentro desta nova paz, seu relacionamento se tornou mais flexível e amoroso.

Se você tiver acabado de conhecer alguém, e está tentando saber mais sobre a pessoa, pode esperar que um relacionamento criativo se desenvolva. O amor entre vocês se aprofundará com o tempo, pois a Força dificilmente indica um namorico ou caso breve. Qualquer relacionamento simbolizado por essa carta os colocará em contato com sua natureza animal de uma forma positiva e vivificante. Seus desejos mútuos são equilibrados e saudáveis, encontrando expressões agradáveis dentro da estrutura da sua parceria.

O DESAFIO

Com a Força invertida, medos instintivos triunfaram sobre a razão consciente. Pode ter acontecido uma separação amarga, com raiva e dor dos dois lados. Porém, a Força sugere um teste interior e exterior de fé. Seu relacionamento pode conter muitos assuntos inacabados, e mesmo se estiver irrevogavelmente terminado, o que é questionável, os dois lados sentem a necessidade de redimir o que foi bom e amoroso entre vocês. Uma reconciliação emocional pode renovar seu amor mútuo e permitir que vocês coloquem seu relacionamento sobre uma nova base.

Se estiverem morando juntos, vocês dois podem estar enfrentando uma crise em sua vida como casal. De novo, o amor está presente, mas derrotado temporariamente pelo seu pessimismo ou falta de fé conjuntos. Sua situação pode exigir muito, e ambos podem desejar desistir da luta agora. Sua tarefa é buscar um significado mais profundo em tudo isso, refazer seus passos e se recusar a sucumbir à dúvida ou à derrota.

SOBRE O FUTURO

A dádiva

A Força está vindo em seu auxílio neste momento. Você pode encontrar um amigo influente e generoso que pode defender sua causa, ou alguém cujo conselho e exemplo o capacitem a lutar por si. Como a Força está associada aos nossos instintos animais, além de nossa fé e amor, ela pode significar, literalmente, um animal muito especial entrando em sua vida. Seu relacionamento com essa criatura abrirá seu coração e trará muita alegria e felicidade.

O desafio

Como o Leão Covarde em *O Mágico de Oz*, você será desafiado a superar os seus medos. Pode experimentar derrota ou perda no futuro próximo. Se permitir que esses acontecimentos negativos o esmaguem, você pode entrar em um período de decadência e bloqueio. Se lidar com esses eventos agindo de modo positivo, pode colher benefícios abundantes e emergir vitorioso.

IX – O EREMITA

Signo regente: Virgem

O Eremita representa um período meditativo. Vestindo um manto pesado com capuz e carregando uma lanterna, o Eremita viaja sozinho por um caminho rochoso à noite. Ele é o "velho sábio" arquetípico, cujo autoconhecimento e sabedoria espiritual brilham, mas cuja própria atitude é profundamente humilde.

Ele está ligado ao signo de Virgem, signo do serviço e do trabalho desinteressado, e a Hécate, deusa do submundo, das parteiras e das águas do útero. Ela é a contraparte arquetípica do Eremita, a "velha sábia".

SOBRE VOCÊ

A dádiva

Você acaba de completar um período de atividade e descoberta. Agora, precisa de algum tempo para absorver e refletir sobre o que aprendeu e experimentou. Esse retiro precede um futuro período de iniciação.

É essencial ter cautela no modo como você se relaciona com o mundo ao seu redor. Seus planos ainda podem não ter forma definida, mas você está ciente de sua presença. Como uma semente germinando no escuro, você deve ser paciente com a nova vida em seu interior e esperar.

Neste momento, pode se apresentar uma decisão que terá implicações sérias para seu futuro. Entretanto, o Eremita não sugere comportamento impetuoso, mas sim a avaliação crítica de todas as situações e aconselha a prudência. Como membro central do tríptico terrestre do Tarô, o Eremita medeia entre a ordem simbolizada pelo Hierofante e a permissividade encarnada pelo Diabo. Você pode se sentir desconfortável com conhecidos pouco familiares, e até mesmo dentro de um relacionamento amoroso sua necessidade de isolamento deve ser respeitada. Esta carta não indica depressão, mas a necessidade de adentrar simbolicamente na caverna pacífica do Eremita enquanto se prepara para seu futuro.

O desafio

Esse pode ser um período improdutivo para você, cheio de obstáculos, com uma sensação de decadência. O Eremita está ligado aos últimos dias de outono, quando a colheita já foi recolhida: as despensas estão estocadas, e o solo está limpo em preparação para o inverno. O Eremita está lhe dizendo para dar as boas-vindas ao momento de quietude que ele representa. Você pode sentir que está trabalhando duro em troca de recompensas insuficientes, pode imaginar por que está sozinho e se sentido indesejado. Alguns indivíduos podem tentar preencher o tempo com atividades, pessoas e situações, mas esses esforços não podem trazer o conforto que você busca agora. Sua solidão está servindo a um propósito, e deve ser suportada para que o próximo estágio seja valorizado.

SOBRE SEU PARCEIRO

A DÁDIVA

Raramente o Eremita indica um amante, embora possa representar uma figura amada que ensina e guia você para a iluminação. Essa pessoa o apoia em seus piores momentos, segurando um espelho para seu eu interior, para que eventualmente você possa ver de forma clara. Os conselhos do seu parceiro podem estar expressos em termos tão gentis que você é tentado a ignorá-los, ou a princípio não consegue ouvir o que está sendo dito. O Eremita lhe pede para desistir da sua obstinação, considerar outros modos de olhar a vida e trilhar esse caminho por algum tempo.

Como Hécate, parteira e bruxa, essa figura silenciosa, porém poderosa, ajuda a dar à luz uma parte de você mesmo. Hécate também era a deusa das encruzilhadas, o que a liga à tomada de decisões tão frequentemente associada a esta carta. Sua hesitação sobre qual caminho trilhar pode irritá-lo ou frustrá-lo, mas não evocará essa reação em seu parceiro, pois essa pessoa é sábia e intuitiva. O amor dele ou dela por você é sem julgamentos, com um desejo de iluminar seu caminho livre de conceitos egoístas. Você pode se abrir completamente com essa pessoa, pois pode confiar seus segredos mais precisos a ele ou ela.

O DESAFIO

Quando o Eremita está invertido, há tipicamente duas formas de desafio. Primeiro, o desafio de viver por algum período sem um relacionamento. O amor é difícil de encontrar, e pode fazer muito tempo desde que você conheceu as alegrias de compartilhar sua vida com uma pessoa especial.

Segundo, esta carta pode indicar superficialidade. Alguém imaturo, egoísta e crítico pode entrar em sua vida neste instante, alguém cuja razão de começar um relacionamento com você tem pouco a ver com amor, sexo ou sentimentos profundos. Essa pessoa pode simplesmente ter medo da solidão. Você está lá, e de vez em quando representa o papel de um acessório útil, mas esse indivíduo pode dispensá-lo a qualquer momento. Não há futuro aqui.

SOBRE O RELACIONAMENTO

A DÁDIVA

Como carta quintessencial do recluso, O Eremita pode simbolizar um momento de celibato. Isso pode ser por não existir um relacionamento, por você estar temporariamente separado do seu amante ou porque você e seu parceiro concordaram com esse estilo de vida. Há uma sensação de união amorosa entre vocês, ou em seu íntimo, que mantém o relacionamento.

O Eremita está associado à cura, ao descanso e à sabedoria espirituais. Esse relacionamento carrega o potencial dessas dádivas e pode significar um encontro com alguém que transforme sua vida de modo gradual. Claramente, aqui há ligações com terapeutas, curandeiros, guias e gurus de toda espécie. Sua associação pode ser com alguém desse tipo, com quem você tenha desenvolvido um laço próximo e amoroso. Seu amor por essa figura importante é profundo e significativo. De fato, o relacionamento pode representar um marco em sua vida adulta. Seu amor o nutre de formas que podem surpreendê-lo. Pode não existir um aspecto sexual ou romântico aqui, mas o puro amor espiritual gerado por essa associação o mantém de outras formas. O Eremita traz uma dádiva sem preço, pois o ensina a se valorizar. Ao fazê-lo, ele transforma para sempre a qualidade dos seus relacionamentos futuros.

O DESAFIO

Novamente, o desafio imposto pelo Eremita é o da solidão. Contudo, na posição invertida, a carta sugere uma luta maior para aprender o valor dessa delicada lição.

Seu parceiro pode ter ido temporariamente para longe, mas você tem medo da separação. Sua confiança está abalada, deixando-o apreensivo com o futuro. Você pode se apegar, perseguir ou fingir que não se importa, mas esse momento pode ser o ponto de inflexão de que seu relacionamento precisa, pois de algum modo obscuro ele chegou a uma encruzilhada. Ele deve terminar em sua forma presente, mas uma separação definitiva é improvável. Há uma necessidade mútua de isolamento, e se essa necessidade for tratada com cuidado e gentileza, ela pode fortalecer ou avivar seu futuro juntos. Como carta de iniciação, o Eremita não pode prometer um caminho fácil e sem preocupações. Mas se você e seu parceiro puderem prosseguir com calma por esse período de teste, conquistarão muito de valor duradouro.

SOBRE O FUTURO

A DÁDIVA

Você está prestes a conquistar compreensão e clareza. Será capaz de aceitar a si mesmo e à sua vida com graça e gratidão, fazer planos para o futuro e consolidar seus esforços passados. Se estiver sozinho, sua falta de relacionamento não o perturbará mais, e você terá a força para esperar pelo amor reemergir em sua vida.

O DESAFIO

Você está buscando conselho e ajuda, e ainda assim se recusa a agir de acordo. Neste momento, pessoas apoiadoras e inteligentes virão em seu auxílio sem que você precise pedir. Tente ouvir seus conselhos e, acima de tudo, ouça suas vozes interiores. Não tenha medo do isolamento que o Eremita pressagia, ele acabará em breve.

X – A RODA DA FORTUNA

Planeta regente: Júpiter

A Roda da Fortuna simboliza a natureza cíclica do destino, sorte e tempo. Conforme gira, a roda passa pelos quatro quadrantes, cada um associado a uma criatura simbólica. Essas criaturas representam os elementos e os quatro signos fixos do zodíaco: o leão representa o fogo; o touro, a terra; a águia, a água; e o anjo, o ar.

Regida pelo expansivo Júpiter, aquele que traz a sorte, esta carta está ligada ao ciclo de preparação, crescimento e colheita do planeta.

SOBRE VOCÊ

A dádiva

A Roda da Fortuna tem um quê de parque de diversões: prêmios podem ser conquistados e surpresas divertidas esperam depois de cada esquina. Fervilhando com uma sensação de aventura, você pode ter vislumbres de um futuro inesperado ou mudar seus planos em um repente intuitivo.

Seu bom humor está à tona, sua sensação de deliciosa expectativa tem pouca base em fatos, mas você sabe que tudo está bem em seu mundo pessoal neste momento. Portanto, este é um período excelente para fazer planos, sonhar e assumir alguns riscos. A sorte está do seu lado agora, então tire o máximo disso e saia da rotina. Lembre-se de que embora a Fortuna esteja sorrindo para você neste instante, e você deve agir positivamente para colher as recompensas que ela promete.

Surpresas e coincidências fora do seu controle também podem proliferar neste momento. Tal acaso é profundamente significativo, pois acontecimentos sincrônicos sugerem que um padrão mais amplo do destino está se revelando. Você pode não entender seu significado até que esse período tenha passado. Entretanto, a Roda sempre anuncia uma nova fase, uma nova estação. As ligações que você formar agora provavelmente serão importantes mais tarde, tanto no trabalho quanto na vida pessoal. Não tente exercer controle demais sobre os eventos neste momento. Apenas aproveite.

O desafio

"Você colhe o que planta": essa lei universal fundamental é encarnada pela Roda da Fortuna. Quando invertida, esta carta indica uma sensação esmagadora de caos. Encontros com algumas pessoas estão repletos de mal-entendidos, outros podem ser cancelados no último minuto e é plausível que aconteçam separações repentinas. Você está no meio da mudança, mas uma sensação crescente de pânico o impede de compreender isso. Conversar com alguém pode ajudar, pois você precisa de uma perspectiva imparcial. Tente ver onde sua vida ou relacionamentos se tornaram estagnados, e você perceberá como atraiu inconscientemente as mudanças que está experimentando.

SOBRE SEU PARCEIRO

A DÁDIVA

Quando a Roda da Fortuna representa seu parceiro, ela indica uma pessoa otimista e extrovertida, cuja generosidade beira à extravagância, que adora dar presentes para você e gastar dinheiro com prazeres especiais. Esse indivíduo está em contato próximo com suas emoções, e é capaz de expressá-las sem inibição.

Outra característica forte é o senso de humor. Esse parceiro adora fazer você rir e, mesmo nos piores dias, é capaz de ajudá-lo a ver o lado engraçado das coisas. Uma pessoa muito sociável, esse indivíduo adora entreter e ser entretido. Originalidade e um modo diferente de ver a vida garantem uma grande variedade de amigos e conhecidos. Essa pessoa tem orgulho de você, e vai apresentá-lo a todos.

Quando você está sozinho, seu parceiro é compreensivo e articulado. Ele ou ela é sensível ao seu estado de espírito, mas não vai tolerar depressões prolongadas. Ele ou ela também não aprecia discussões ou brigas longas. Seu parceiro não guarda ressentimentos. Se vocês discutirem, logo estará tudo esquecido. Tanta energia é direcionada para fins positivos; essa pessoa tem pouco tempo para se prender a coisas excessivamente emocionais ou negativas.

O DESAFIO

Assim como o Louco e a Torre, a Roda da Fortuna invertida sugere uma pessoa disruptiva que você pode ter conhecido de repente, por acaso. Você não sabe qual é sua situação com esse indivíduo, pois ele ou ela vem e vai. O comportamento dessa pessoa é desequilibrado, com altos e baixos, e transtorna seus planos. Esse parceiro é incapaz de assumir um compromisso romântico e é como "um navio passando na noite". Curiosamente, essa posição pode representar alguém que reaparecerá em sua vida muito mais tarde, quando vocês possam de fato se envolver. Entretanto, neste momento é melhor não levar o relacionamento a sério.

SOBRE O RELACIONAMENTO

A DÁDIVA

Seu relacionamento é excepcionalmente positivo. Se vocês já estiverem envolvidos, sua associação promete se desenvolver em algo que só pode beneficiar os dois. Dentro dessa parceria, ambos são livres. Há pouco ciúme ou falta de empatia aqui.

A essência desse relacionamento é encontrada em seu senso de humor compartilhado e disposição em assumir riscos. A Roda pode pressagiar um período de viagem juntos, ou a participação conjunta em algum esforço grupal. Isso provavelmente não será relacionado ao trabalho. Vocês podem pertencer a um grupo que estuda filosofia ou astrologia, ou seus interesses podem se concentrar em movimentos sobre o potencial humano ou organizações dedicadas à liberdade dos oprimidos.

Suas amizades também são muito importantes para o relacionamento como um todo. Essa não é uma parceria insular. Vocês dois são próximos de muitas outras pessoas e gostam de passar tempo com elas, juntos ou separados. Isso não quer dizer que seu relacionamento seja "aberto" em nenhum sentido sexual, embora isso seja uma possibilidade, se os dois concordarem. Na verdade, ambos sentem prazer com uma vasta rede de pessoas que vocês consideram uma espécie de família estendida. Seu lar raramente tem poucos visitantes, e vocês dois valorizam como os outros podem ajudá-los a reinspirar constantemente seu relacionamento.

O DESAFIO

A Roda da Fortuna invertida representa uma parceria irregular e inquieta. Se você tiver acabado de iniciar um caso, não espere que tudo corra bem. Seus encontros podem ser esporádicos, cancelados ou combinados de improviso. Você pode estar vendo mais de uma pessoa, ou ter seu relacionamento terminado por revelações inesperadas.

Se vocês moram juntos, a carta aponta para uma fase disruptiva. Você ou seu parceiro estão tomados pela incerteza, e quaisquer planos futuros de longo prazo envolvendo os dois devem ser colocados em espera. Algo totalmente inesperado pode levar um de vocês para longe. Um "relâmpago em um dia de sol" está esperando para cair e, provavelmente, não será agradável. O único modo positivo de ver isso é perceber que a Roda está firmemente ligada ao "carma", a antiga doutrina de causa e efeito. A raiz dos eventos atuais pode estar profundamente plantada no passado. Seu relacionamento pode ser desconcertante agora, mas à medida que a Roda girar, as coisas melhorarão.

SOBRE O FUTURO

A dádiva

Surpresa, surpresa: se sua vida amorosa tem sido chata e triste, tudo está prestes a mudar. Uma inundação de convites é uma manifestação típica da Roda: aceite todos os que puder. Você pode contar com a sorte ao seu lado, pois novos contatos e experiências estimulantes o animam e divertem. Romanticamente, esse é um momento excelente para se encontrar com pessoas diferentes sem se comprometer.

O desafio

Você pode se sentir confuso. Alguém com quem você começou a contar o decepcionou inesperadamente, ou lhe causou um choque desagradável. Se estiver sozinho, não espere uma parceria estável no futuro próximo. O momento não é agora.

XI – A JUSTIÇA

Signo regente: Libra

A Justiça simboliza o equilíbrio mental. Seus olhos abertos enxergam a vida com clareza, sua mente é calma e imparcial. Sua balança dourada sugere o equilíbrio, e a espada em sua mão direita representa o poder da verdade, sabedoria e ordem. Ela é a lógica, os reinos intelectuais e as decisões imparciais.

Regida por Libra, o signo do equilíbrio e parceria, a Justiça enfatiza a importância da perspectiva e objetividade, e nos lembra de que para cada ação existe uma reação.

SOBRE VOCÊ

A dádiva

Quando você recebe a Justiça, está experimentando equilíbrio em sua vida. Nenhuma área de atividade está enfatizada em detrimento de outra. Você acha fácil se distanciar do próprio ego e vê as coisas com excepcional clareza neste momento. Isso não quer dizer que você seja frio ou insensível. O tipo de distanciamento representado pela Justiça é familiar para os estudantes de filosofia oriental. Ele requer a habilidade de ver o todo, de agir de acordo com as sugestões do eu superior, mesmo quando essas orientações não atendam às suas necessidades ou objetivos imediatos. No antigo livro chinês de sabedoria, o *I Ching*, ou Livro das Mutações, esse tipo de comportamento é característico de uma figura chamada "o homem superior". O homem superior sempre busca o equilíbrio perfeito em todas as situações. Isso não significa passividade, mas a habilidade de pensar à frente e de maneira lógica.

Seus poderes analíticos estão excelentes neste momento, e você pode se ver aconselhando outras pessoas mais do que de costume. Você se sente calmo e capaz de olhar objetivamente para si mesmo e para os outros sem ficar emotivo. Quando esta carta é tirada, você pode estar à beira de uma decisão importante sobre seu relacionamento ou sua vida. Fique tranquilo, pois tomará a decisão certa. Seu senso de oportunidade está afiado, você sabe exatamente quando agir e quando esperar.

O desafio

Quando esta carta aparece invertida, você privilegia o pensamento em detrimento das emoções, instinto e intuição. Sua habilidade de agir também pode estar afetada enquanto você procrastina. Porém, uma decisão importante deve ser tomada, e você está adiando essa decisão enquanto analisa a situação mais uma vez. Você pode estar trabalhando demais e negligenciando seu parceiro ou vida social. Tente recuperar uma visão mais equilibrada das coisas.

SOBRE SEU PARCEIRO

A dádiva

Seu parceiro, quando representado pela Justiça, é alguém que pode auxiliá-lo a aprender a arte de pensar, que é capaz de mostrar-lhe como analisar, planejar e direcionar sua vida, ajudando-o, assim, a assumir o controle das coisas. Ele também é alguém que organiza o tempo com eficácia, portanto alcança não só o equilíbrio, mas também a harmonia. Ele ou ela provavelmente é ambicioso, mas raramente cai na armadilha de se tornar um viciado em trabalho. A ambição não está baseada em alguma profunda necessidade emocional ou no desejo de provar alguma coisa. Essa pessoa simplesmente gosta de usar seu cérebro de primeira linha e não tem medo de responsabilidades. Carreiras típicas ligadas a esta carta incluem advocacia (especialmente lei corporativa), contabilidade, computação, negociação de todos os tipos, corretagem de ações e finanças.

Esse indivíduo é um romântico calmo, que se delicia com jantares íntimos, lugares bonitos e feriados tranquilos passados juntos. Uma pessoa considerada que lhe manda cartões ou deixa mensagens divertidas só para deixar claro que ele se importa com você. Ele ou ela é generoso sem ser extravagante, dando-lhe presentes que você mesmo poderia ter escolhido. Geralmente orientado à carreira, seu parceiro pode não ser espontâneo, pois o tempo livre é escasso. Mas isso é compensado planejando à frente, já que ele ou ela sabe como é importante que vocês passem tempo juntos.

O DESAFIO

A Justiça invertida implica que seu parceiro é seu amigo, e sempre será. Entretanto, ele ou ela permanece distante de você nos níveis espiritual e emocional. Você é apenas uma parte da vida desse indivíduo, e não todo seu mundo. Se você está buscando envolvimento apaixonado, ou deseja um compromisso profundo, pode ter de procurar em outro lugar. Seu parceiro não está no estado de espírito adequado neste momento. E, embora ele ou ela não vá magoá-lo ou traí-lo, seu parceiro também não consegue inspirá-lo de verdade.

SOBRE O RELACIONAMENTO

A DÁDIVA

Os papéis em seu relacionamento estão claramente definidos e bem equilibrados. Cada um de vocês entende o outro muito bem, e nenhum exige mais do que o outro pode dar. Como a Justiça é uma carta do ar, é provável que sua associação seja de compatibilidade mental. Vocês têm um acordo básico sobre o que é importante para ambos, e é possível compartilharem visões políticas, religiosas e sociais.

Muitas vezes, esta carta indica um relacionamento em que os dois parceiros estão imersos em suas carreiras. Vocês podem ter se conhecido trabalhando na mesma empresa, ou trabalham em áreas similares. Isso torna fácil discutirem seus problemas na carreira, pois ambos podem oferecer ideias novas um ao outro. Quando há problemas no relacionamento, vocês são capazes de discuti-los de forma racional, e raramente brigam. Vocês dois podem gostar de jogos como xadrez ou gamão, e passarão alegremente tempo juntos em casa envolvidos em seus próprios interesses. Esse é, acima de tudo, um relacionamento cheio de companheirismo, que pode ter passado por muitas mudanças antes de atingir esse estágio de tranquilidade. A Justiça também se refere ao casamento legal em contraste a morar juntos. Há um senso de algo bem estabelecido que cerca todos os relacionamentos que esta carta representa. Vocês dois compartilham um compromisso com seu futuro juntos, e buscam construir uma vida conjuntamente que ofereça paz e segurança para os dois.

O DESAFIO

A Justiça invertida indica separação do seu parceiro. Ela pode sugerir uma lacuna temporária ou permanente em um relacionamento de longo prazo. Se a separação for temporária, é improvável que esteja carregada com dor emocional ou saudade, porque vocês estão separados por algum motivo lógico, não porque tiveram uma briga terrível. Se estiverem separados legalmente, e a caminho de um divórcio, ele também será relativamente calmo. Sua separação parece natural e inevitável, algo sobre o que os dois concordam. A fagulha que mantinha o casamento vivo se apagou, e isso é evidente para ambos; nenhum de vocês deseja estar com o outro, mas lhe deseja o bem no futuro. Pode haver uma sensação breve de perda, uma tristeza por as coisas não terem dado certo, mas não existe dor emocional incapacitante, ressentimento ou raiva. Suas chances de continuarem amigos são altas, pois a incompatibilidade provavelmente estava nos níveis sexual ou emocional.

SOBRE O FUTURO

A dádiva

A Justiça pressagia resolução. Uma decisão favorável será tomada, e você poderá prosseguir com sua vida. Documentos legais muitas vezes são sugeridos, você pode estar se casando, comprando uma casa ou assinando algum outro contrato importante no futuro próximo.

O desafio

Negociações delicadas são indicadas pela Justiça invertida. Nada acontecerá rapidamente, você deve esperar que haja atrasos. Se estiver se divorciando, seja muito cuidadoso nesse momento e tenha certeza de entender tudo claramente, pois pode haver confusão e mal-entendidos que podem afetar o resultado. Entretanto, no final, a justiça será feita.

XII – O ENFORCADO

Planeta regente: Netuno

O Enforcado é a carta do autossacrifício voluntário. Suspenso de cabeça para baixo na Árvore do Mundo, ele aceita seu destino com serenidade. Uma das figuras mais místicas dos Arcanos Maiores, ele está intimamente ligado ao xamanismo, em que a iluminação espiritual vem como resultado do sacrifício. A Árvore do Mundo tem suas raízes nas profundezas do submundo, seu tronco emerge em nosso mundo, aquele que podemos ver e tocar, e os galhos se estendem até o Céu. Esse é um símbolo poderoso da vida.

Regido por Netuno, planeta dos sonhos, o Enforcado simboliza nossa vida inconsciente, na qual nada é exatamente o que parece ser.

SOBRE VOCÊ

A DÁDIVA

Você está flutuando em um estranho devaneio, alternadamente empolgado e abatido, incapaz de controlar as situações ou pessoas à sua volta. Fortemente afetado por um desejo pelo que é radiante e belo, você pode achar difícil lidar com assuntos práticos.

Uma necessidade sincera de sentido em sua vida é particularmente intensa, enquanto suas emoções e sentimentos estão perto da superfície. É como se você estivesse sem pele, mas a sensação dessa vulnerabilidade é maravilhosa. Associada a essas sensações infantis está uma forte consciência espiritual: filosofia, religião, poesia e o conceito de amor verdadeiro podem todos se tornar uma parte importante da sua existência. Você sabe que está mudando, mas não sabe dizer como. De tempos em tempos pode se sentir alarmado, pois não consegue determinar com nenhum grau de certeza para onde está indo. Conforme seus antigos valores perdem seu charme, você se sente completamente à deriva.

Quando tira essa carta, você pode estar sentindo como se nada estivesse acontecendo em seu mundo exterior. O Enforcado exige sacrifício, na posição normal ou invertida, assim como a iniciação xamânica exige uma "morte" temporária antes da iluminação. É nesse ponto que você está agora, no lado escuro da Lua, suspenso no tempo. Abandone todas as suas expectativas e espere. Sua vida antiga está se dissolvendo enquanto uma nova se forma. Como uma crisálida, você deve esperar à medida que essas mudanças aconteçam no seu próprio tempo.

O DESAFIO

Frustração e confusão invadirão sua vida se você resistir à exigência do Enforcado por um sacrifício voluntário. Nos níveis mais profundos, a carta oferece cura e imortalidade. Você está agora lutando contra o inevitável, e deve aceitar que nada pode recapturar o passado. Seu antigo caminho não é mais um que você deve seguir. Por ora, não há mapas. Pare de resistir e tentar entender os fatos e o caminho eventualmente ficará claro para você.

SOBRE SEU PARCEIRO

A DÁDIVA

Seu parceiro pode virar toda a sua vida de cabeça para baixo. Tudo sobre essa pessoa ambígua pode confundi-lo. Você tem certeza de que ele ou ela é uma pessoa importante em sua vida, pois a ternura entre vocês é indiscutível. Seu parceiro preenche seus pensamentos e aparece em seus sonhos. Também pode haver algo um pouco irreal sobre essa pessoa, que tem a capacidade de criar um mundo de fantasia habitado apenas por vocês dois.

A profissão do seu parceiro pode estar refletida nas ligações desta carta com a cura: hospitais e instituições pertencem ao domínio do Enforcado, bem como curandeiros espirituais e aqueles que trabalham com sonhos. Outras facetas desta carta complexa sugerem o mundo da ilusão, especialmente cinema e fotografia. Porém, independentemente do que seu trabalho envolva, essa pessoa certamente tem uma vida interior rica, que está tentando compartilhar com você. Contudo, a espiritualidade e sonhos de seu parceiro são muito reais para ele ou ela, por isso é difícil confiar em outra pessoa o bastante para revelar esse mundo secreto.

"Pise com cuidado, pois está pisando em meus sonhos" é um verso poético muito apropriado para esse indivíduo, cuja sensibilidade é à flor da pele. Nunca domine essa pessoa, ou force a tomada de decisões, pois você pode afastá-la completamente.

O DESAFIO

Quando esta carta está invertida, você está envolvido com um indivíduo nebuloso e evasivo que pode, no pior caso, ter um problema com bebida ou drogas, e, no melhor, é incapaz de dar o que você precisa ou quer. Embora indiscutivelmente romântico e sensível, seu parceiro permanece esquivo a respeito de um compromisso duradouro. É possível que essa pessoa não esteja pronta para um relacionamento sério. Não se deixe enganar, pois, se persistir, conseguirá apenas infelicidade. Às vezes, o Enforcado representa um amante por quem você deve esperar pacientemente. Quando for o momento certo, você poderá conhecer essa pessoa mais intimamente.

SOBRE O RELACIONAMENTO

A DÁDIVA

O Enforcado revela um relacionamento que não é fácil nem simples. Qualquer relacionamento representado por essa carta é, sem dúvida, importante, mas pode ser diferente de tudo que vocês já viveram. A sensação de estarem conectados espiritualmente, de estarem destinados um ao outro e de amor transcendental oprime vocês dois. Sua aptidão compartilhada de ver o que é ou não real se dissolve conforme seus sonhos de amor os mantêm.

Tudo é bastante romântico, seu amor tem um brilho que o torna muito especial. Aproveite esses momentos de romance em alta e valorize sua conexão espiritual, mas não tome nenhuma decisão prática decisiva neste momento. Vocês dois estão aprendendo muito por estarem juntos, ambos em um ponto de mudança em suas vidas. Entretanto, nada está certo por enquanto, pois vocês estão mergulhados em um sonho profundo, entrelaçados em uma visão de amor compartilhada. E, por mais atraente que pareça, mais cedo ou mais tarde esse amor exigirá um sacrifício.

O DESAFIO

O sacrifício é a essência do Enforcado, e é enfatizado quando esta carta está invertida. Seu relacionamento pode exigir muito de você, a ponto de ter que desistir de amigos, do seu antigo modo de vida, até mesmo do seu lar. Seu parceiro pode estar doente ou incapacitado de trabalhar por um longo período. Ou, ainda, ter problemas sérios que você se sente compelido a resolver. Seu relacionamento pode ser profundamente atordoante, ou tão simbiótico que você é incapaz de divisar seu futuro juntos, mas também não consegue deixá-lo. A dependência mútua pode trazer à tona o pior dos dois enquanto lutam com os papéis de vítima e salvador.

Se você receber esta carta quando tiver acabado de se separar de alguém, o sacrifício já foi realizado. Você pode estar lutando contra isso, desejando ver aquela pessoa de novo ou sonhando com um futuro que nunca acontecerá. Seu desafio é fechar a porta desse relacionamento, aceitar, perdoar, se necessário, e seguir em frente. É inevitável que isso leve tempo, portanto seja gentil consigo mesmo, e não tente recolher os pedaços imediatamente. Algo foi tirado de você, e você precisa de tempo para prantear. Por mais confusas que as coisas pareçam, esteja ciente de estar fazendo progresso e que um novo rumo eventualmente surgirá. É preciso paciência, especialmente consigo mesmo.

SOBRE O FUTURO

A dádiva

A transcendência é a dádiva do Enforcado. Depois de um período de iniciação, você será capaz de se elevar acima e além do seu antigo estilo de vida e renascer. Sua intuição adquirirá nova profundidade e clareza depois deste período.

O desafio

Este não é o momento certo para tomar uma decisão, você não é capaz de pensar claramente ou ver todas as ramificações de seus atos. Você pode se sentir excepcionalmente frustrado e exausto, e continuar tentando combater as circunstâncias atuais. Aceite que este é um momento de estagnação e não force a si mesmo ou outros a atividades impróprias.

XIII – A MORTE

SIGNO REGENTE: ESCORPIÃO

A Morte personifica o conceito de mudança, transição e regeneração. Uma figura assustadora e implacável, a presença da Morte é uma fase inescapável do ciclo da vida. Sua aparência esquelética é um lembrete da nossa mortalidade física. A Morte está ligada ao arquétipo universal da mãe sombria, que devora seus filhos sem remorso ou piedade.

Paradoxalmente, a Morte afirma o renascimento e a promessa da vida eterna da alma. Isso é destacado simbolicamente pelo seu signo regente, Escorpião, que também rege a paixão sexual.

SOBRE VOCÊ

A dádiva

A dádiva da Morte para você pode ser difícil de aceitar, pois muitas vezes ela vem envolta em escuridão. Tal escuridão não é fácil de penetrar, particularmente para pessoas que aceitam a ilusão da imortalidade física. Porém, você não está enfrentando sua própria morte em termos literais, mas experimentando a morte de parte de si, de um estilo de vida ou conjunto de crenças às quais tem apego. E, por mais positivo que você seja sobre a situação, não há como escapar do fato de que isso é doloroso, e requer grande coragem e força espiritual.

Você está passando por uma iniciação. O sacrifício exigido pelo Enforcado foi feito, com ou sem sua cooperação. Aprender sobre os Mistérios sagrados do mundo antigo pode ajudá-lo a aceitar a si mesmo neste momento, pois todos os mistérios envolviam uma descida simbólica ao submundo.

Essa jornada para o abismo era solitária, assustadora e, aparentemente, sem esperança. Ela exigia que os iniciados fossem despidos de tudo que fosse reconfortante ou familiar, enquanto avançavam cada vez mais no vale simbólico da Sombra da Morte. Quando expostos no coração da escuridão, eles passavam por um tipo de morte física, um abandono total. Então, e somente então, eles encontravam a luz e renasciam como verdadeiros iniciados nos Mistérios. Nas palavras sábias de um curandeiro nativo americano, Hyemeyohsts Storm: "O xamã sabe que a Morte é a Modificadora. [...] Todos os xamãs sabem que a Morte alimenta tudo que é vivo". Você está sendo transformado neste momento, lembre-se de que renascerá das profundezas do abismo.

O DESAFIO

Quando esta carta está invertida, a inércia, nascida do medo, está impedindo que você avance em sua vida. Você pode estar reprimindo tristeza ou raiva neste momento, ou se apegando firmemente ao que é familiar. A Morte pede que olhe para dentro, enfrente a escuridão e perceba que você é o capitão da sua alma.

SOBRE SEU PARCEIRO

A DÁDIVA

A Morte está intimamente ligada ao signo astrológico Escorpião, que rege a oitava casa da roda do Zodíaco. Essa casa governa assuntos de sexualidade e morte, e representa o que recebemos do mundo exterior.

Quando representa um parceiro, a Morte indica alguém cujo amor por você é profundo e poderoso. Sua ligação sexual é profundamente apaixonada. Juntos, vocês podem viver o amor físico transcendente que tantas vezes é comparado a morrer. Matizes de obsessão, de falta de controle, podem assustá-lo quando você os percebe em seu parceiro. A influência dele ou dela sobre você lembra um feitiço, o qual não é capaz de resistir. O carisma e a presença sexual que essa pessoa exala afetam você de uma maneira que nunca experimentou antes.

Um parceiro simbolizado por esta carta representa um encontro inescapável e fatídico. O indivíduo pode não ser poderoso por si mesmo, mas seu efeito sobre você ressoará por toda sua vida e moldará inexoravelmente o seu futuro.

O DESAFIO

Seu parceiro pode estar muito perdido ou perturbado. Depressão contínua, fraqueza física ou uma experiência traumática podem estar impedindo que ele ou ela viva plenamente. Mesmo assim, essa pessoa é reservada e não está disposta a agir para melhorar as coisas. Trancado em um mundo particular, seu parceiro pode ser incapaz de buscar o amor e a compaixão de que precisa tão desesperadamente neste momento. Às vezes, a Morte invertida representa uma perda irrevogável. Se você tiver se separado de alguém quando receber a Morte invertida, aceite essa perda agora, pois esse indivíduo nunca poderia lhe trazer felicidade. Dê tempo e espaço a si mesmo para o luto. Aconselhamento profissional pode ajudar nesse momento.

SOBRE O RELACIONAMENTO

A DÁDIVA

O potencial de transformação é inerente nesse relacionamento. Ele consome tudo, e às vezes parece ameaçar tudo o mais em sua vida. A Morte promete grande luz e transcendência, mas não concede essas dádivas com facilidade ou rapidez.

O mito grego da deusa Perséfone, noiva de Hades, lança luz sobre seu relacionamento neste momento. Ele conta a história da transformação de uma donzela inocente na Senhora da Morte e Magia que Perséfone, como senhora do submundo, veio a personificar. De modo similar, embora você possa resistir a princípio, esse caso amoroso será o fim da sua ingenuidade, e mudará irrevogavelmente sua atitude em relação ao amor.

Seu relacionamento nunca será um de flertes ou superficial. Ele pode, mesmo nos seus momentos mais luminosos e amorosos, se mostrar doloroso. Vocês podem compartilhar traumas, dias sombrios quando nada parece certo, quando nada vai bem. Seu sofrimento compartilhado irá, no fim, fortalecer os elos entre ambos. Essa associação é verdadeiramente "na alegria e na tristeza, na saúde e na doença".

O DESAFIO

Quando Perséfone foi abduzida por Hades, ela era uma donzela inocente colhendo flores em um campo ensolarado. Quando foi arrastada para o reino subterrâneo do seu admirador sombrio, perdeu a esperança de um dia ver a luz de novo. É assim com a Morte invertida. Seu relacionamento pode ter acabado, e a dor resultante é muito difícil de suportar. Sua tristeza, raiva e sensação de perda agonizante são às vezes insuportáveis, e você pode imaginar se um dia verá a luz.

O primeiro passo para a regeneração inerente nesta carta é aceitar sua perda e honrar sua tristeza e raiva. Você pode precisar de aconselhamento profissional nesse estágio. Mesmo se isso não aliviar seu sofrimento, representa o primeiro passo na sua jornada para a luz da sabedoria interior, e a redescoberta da alegria.

Se não aconteceu um rompimento, e isso parecer uma possibilidade remota, seu relacionamento pode estar causando considerável mágoa. Vocês podem sentir que não são compatíveis, mas não conseguem imaginar-se vivendo separados. Em vez disso, ambos estão sofrendo, provavelmente em silêncio. Além do mais, esse não é o momento certo para tomar uma decisão firme. Reconhecer os problemas pelos quais seu relacionamento está passando vai ajudar, mas levará tempo para entender por que e para trabalhar em áreas problemáticas específicas. Se vocês resolverem enfrentar as dificuldades juntos, podem descobrir que isso será seguido por uma importante descoberta. Equilíbrio e resolução são possíveis, mas vocês dois podem ter que fazer reajustes sérios para conseguir isso.

SOBRE O FUTURO

A dádiva

Uma nova vida espera por você. Mudanças de longo alcance estão acontecendo fundo em seu interior, conforme você se desfaz de tudo que está desgastado em sua vida atual. Esse processo poderoso é lento, mas quando estiver terminado, você olhará para trás, para os dias sombrios, como se eles fossem um sonho. Você terá realmente renascido.

O desafio

Tentar forçar mudanças não funcionará, nem trará a felicidade que você busca. Tudo o que você vai conseguir é ficar exausto. Sua libertação do passado é certa, mas será um processo lento.

XIV – A TEMPERANÇA

Signo regente: Sagitário

A Temperança simboliza a dinâmica da mudança contínua. Um grande anjo alado derrama líquido de um cálice para outro. Essa linda figura sente-se em casa tanto nos céus quanto na terra, pois suas asas podem elevá-la para os reinos espirituais. Uma figura alquímica, ela é mostrada em uma paisagem pacífica, para sempre misturando os conteúdos dos seus dois cálices.

A Temperança está ligada a Sagitário, signo da mente mais elevada e da consciência universal e, assim como esse signo mistura atributos humanos e animais, a Temperança une qualidades masculinas e femininas. Ela é a essência da harmonia.

SOBRE VOCÊ

A DÁDIVA

A serenidade espiritual é a maior dádiva concedida pelo anjo da Temperança. Você está ciente de que não tem todas as respostas, mas isso não o deixa ansioso. Em vez disso, continua progredindo, calmo com o conhecimento de que tudo está se desenrolando como deveria.

Você se sente particularmente atraído para grupos neste momento. Social e criativamente, você se beneficia passando tempo com pessoas que o estimulem intelectualmente, pois as energias misturadas da Temperança devem ser aplicadas ao contexto maior da sua vida.

Durante um momento denotado pela Temperança, você pode se ver como parte de um novo grupo de amigos ou colegas. Se estiver sozinho, um deles pode vir a significar algo especial para você no futuro, ou talvez apresentá-lo a pessoas que serão figuras importantes em sua vida.

Se estiver envolvido, você e seu parceiro podem precisar neste momento passar um tempo com grupos de amigos. Um dos componentes desta carta é o estímulo mental, mas sua ligação com Sagitário significa que o estímulo assume uma forma intuitiva. Filosofia e religião são temas que podem atraí-lo neste momento, pois você está buscando a iniciação em um mundo mais amplo.

Catorze, o número da Temperança, tem associações místicas fascinantes que são relevantes para você. Ele representa o dia mais fértil no ciclo menstrual, quando a fusão de masculino e feminino pode resultar em concepção. Você também está em um momento de união e fertilidade interior, quando muito pode ser estabelecido para o futuro.

O DESAFIO

A harmonia inerente da Temperança está desequilibrada neste momento. Você está inquieto, mas não consegue canalizar sua energia para nada construtivo. Pergunte a si mesmo se você está sendo justo e imparcial em seu julgamento dos outros neste momento. Discussões unilaterais, visões distorcidas e irritabilidade são manifestações prováveis. Este é um momento para se afastar temporariamente para recuperar seu equilíbrio.

SOBRE SEU PARCEIRO

A DÁDIVA

Seu parceiro é sábio e generoso. Capaz de ver os dois lados de uma discussão, ele ou ela é um negociador experiente, cuja gentileza inata traz à tona o melhor de todos. Pensadores fluidos que podem aceitar filosoficamente e, em alguns casos, resolver, limitações e dificuldades são representados pela Temperança. Esse indivíduo não perde tempo preocupando-se se objetivos imediatos não puderem ser alcançados. Em vez disso, ele ou ela é perspicaz o bastante para perguntar por que esses objetivos estão sendo bloqueados e procurar por um significado interior.

Como seu parceiro busca a harmonia acima de tudo, seu relacionamento promete ser equilibrado. Essa pessoa prefere discussões calmas a brigas, e tem autoestima o bastante para examinar as diferenças entre vocês antes que elas se tornem dificuldades insuperáveis. Terapeutas de todo tipo estão muitas vezes ligados a esta carta, assim como diplomatas, músicos, filósofos e alquimistas. Seu parceiro não está preocupado com a dominância, pois sabe intuitivamente que dentro de um relacionamento cada parceiro representa muitos papéis, cada um deles válido e com uma função no aprofundamento da relação entre vocês.

O DESAFIO

Seu parceiro pode estar preso a algum tipo de padrão de relacionamento à exclusão de todos os outros. Incapaz de aprovar a ambiguidade ou de entender o ir e vir dos sentimentos amorosos, ele ou ela sente que deve lutar por sua atenção e compromisso. Talvez você queira fazer mudanças, mas descobre que seu parceiro não concorda.

Essa pessoa está atualmente tão cheia de tensão emocional e nervosa que está afetando seu modo de agir dentro do relacionamento. Esse é alguém que teme perder você, porém seu comportamento o está afastando. Essa fase, provavelmente, será temporária, pois a natureza da Temperança é a mudança contínua.

SOBRE O RELACIONAMENTO

A DÁDIVA

A Temperança pode indicar a calma depois de um período emocional e conturbado. É mais provável que ela apareça no contexto de uma parceria já existente, pois indica uma consciência madura das necessidades e desejos um do outro. Esclarecer expectativas mútuas leva tempo e, raramente, ocorre no princípio do romance. A Temperança, que preside o fluxo da vida entre suas duas taças, denota a fusão da intuição e da lógica.

Esta carta também está ligada simbolicamente às práticas sexuais tântricas. No cerne dessa antiga filosofia está a doutrina de êxtase espiritual e transcendência por meio do amor.

Em sua forma mais pura, seu relacionamento contém esse potencial mágico de alquimia sexual. Conforme coração, mente, corpo e alma trocam as potentes energias do amor, ocorre uma combinação que permite ao casal se elevar acima de quaisquer diferenças e conflitos. Seu amor é transformador, com cada um dando um presente valioso ao outro. A verdadeira harmonia sexual, que é a combinação perfeita de energias masculinas e femininas, é um dos objetivos espirituais do Tantra, e que pode inspirar seu relacionamento neste momento. Potencialmente, vocês podem ser tudo um para o outro: amigo, irmão, pai, amante, inspiração e guia.

Se a Temperança pressagiar um relacionamento futuro, ela sugere algo duradouro. Esse relacionamento é forte o suficiente para crescer ao longo de muitas fases. Ele geralmente acontece entre duas pessoas que já formaram relacionamentos no passado. Tendo aprendido com seus erros, elas estão prontas para um tipo de experiência diferente e dispostas a adotar uma abordagem mais equilibrada em relação ao amor. Por isso, a Temperança favorece os segundos casamentos e reconciliações.

O DESAFIO

Seu relacionamento envolve competição em algum nível. Vocês dois estão tentando expressar sua individualidade de formas diferentes. Há muita energia circulando neste momento, mas ela não está sendo usada positivamente. Conflitos não resolvidos em ambos ainda precisam ser expressos com clareza. Vocês podem não ter consciência deles, embora saibam que algo está errado. Esses conflitos podem se manifestar como uma inversão de papéis. No começo, um de vocês era dominante, e agora o outro busca assumir o controle da união. É mais provável que esse problema aconteça em suas carreiras.

Um parceiro pode ter sucesso repentino e ser forçado a devotar mais tempo ao trabalho, enquanto o outro se ressente dessa mudança, sentindo que perdeu o controle. Uma discussão à moda antiga pode ser necessária para limpar o ar e estabelecer novas regras.

SOBRE O FUTURO

A DÁDIVA

A Temperança promete a resolução de conflitos, o que restaurará o equilíbrio em sua vida. Se você estiver solitário ou perturbado, encontrará alegria. Se estiver exausto, sua vitalidade será reacendida.

O DESAFIO

A Temperança alerta contra os exageros, a obsessão e a obstinação. É difícil para você cooperar com outros neste momento; você pode precisar de espaço dentro de um relacionamento ou de tempo para trabalhar sozinho em um projeto especial. Tome conta da sua saúde e cuide do seu peso. No nível mais mundano, a Temperança indica um desequilíbrio na balança.

XV – O DIABO

Signo regente: Capricórnio

Uma figura ameaçadora, o Diabo preside o mundo da forma e da matéria. Miticamente, ele está ligado ao antigo deus grego Pan, a Lúcifer, o Portador da Luz que caiu em desgraça, e a Dionísio, Senhor do Desgoverno. Seus chifres servem para enfatizar sua conexão atemporal com os deuses pagãos da fertilidade, consortes da Deusa. Como o Hierofante, ele preside seus acólitos, que são similares aos foliões de Dionísio.

Regido por Capricórnio, o bode com cauda de peixe, o Diabo é ao mesmo tempo fútil, dissoluto, mundano e sensual.

SOBRE VOCÊ

A dádiva

Embora o Diabo seja uma carta de aparência austera, não há motivo para alarme, já que ele representa o portal para outra fase da vida. Quando você recebe essa carta, pode estar prestes a conhecer sua Sombra, confrontar seus medos ou reconhecer seus desejos. O Diabo significa ambição mundana e aquisição de riqueza material. Ele pode representar uma luta para indivíduos que antes existiam exclusivamente em um nível espiritual. Os desejos materiais agora requerem integração, tentar suprimi-los apenas os deixará mais fortes.

O Diabo também está associado ao poder, do tipo que dinheiro e posição social conferem em nossa sociedade. Você pode experimentar a necessidade de ter controle neste momento. Isso é tipicamente expresso em termos financeiros e sexuais. Você também pode descobrir que está sendo controlado.

A expressão mais primordial do Diabo se encontra em seus vínculos com os antigos cultos à fertilidade. Um prazer desavergonhado pelo mundo sensual é indicado aqui. Ele é o espírito da anarquia e êxtase, simbolizando um desejo de revelar sua própria natureza animal. O Diabo guarda os inestimáveis tesouros do submundo que representam a riqueza esperando para ser descoberta em sua própria vida. Confrontar os aspectos menos agradáveis de si mesmo é o preço que o Diabo exige antes de entregar suas riquezas.

O desafio

Tanto na posição normal quanto invertido, o Diabo apresenta um desafio sério. Aqui, pede-se que você considere questões sombrias sobre poder, manipulação e controle. Elas podem surgir na forma de outra pessoa ou de uma sensação de raiva e medo que o impulsiona. Você pode estar deprimido ou propenso à ansiedade e à preocupação sobre seu *status* financeiro ou emocional. Seja como for que esta carta se manifestar, ela indica uma situação estagnada. Como os acólitos do Diabo nessa carta, você está cego para a realidade. Consciência e aceitação ajudarão você a se libertar.

SOBRE SEU PARCEIRO

A dádiva

O Diabo representa experiências viscerais. Você não pode ignorar a presença poderosa do seu parceiro. De fato, sua atração irresistível um pelo outro beira à compulsão e à obsessão. Essa pessoa pode ser rica ou ter uma posição de responsabilidade. Suas realizações mundanas provavelmente são impressionantes e podem espelhar ambições próprias não realizadas. Sofisticado e seguro de si mesmo, esse indivíduo não teme o poder e sabe como usá-lo. A segurança do seu parceiro pode beirar à arrogância, mas seu carisma magnético faz essa característica parecer atraente. Os valores dessa pessoa podem ser muito diferentes dos seus, e mesmo assim você está cativado por eles.

Um amante generoso, seu parceiro gosta de compartilhar seu sucesso. Raramente apreciador da vanguarda, ainda assim, essa pessoa tem um instinto afiado para o que é agradável e belo. Ele ou ela muitas vezes é um conhecedor de comidas e bebidas, e busca obter o máximo pelo seu dinheiro.

Apaixonado, você pode se descobrir perdoando essa pessoa por praticamente tudo. Seu parceiro pode ser ciumento, possessivo, apaixonado e obstinado, mesmo assim escapar do encontro é improvável, pois em seus momentos mais intensos ele o mantém preso.

O DESAFIO

O Diabo invertido descreve um manipulador supremo, que tece uma teia sutil e restritiva ao seu redor antes que você saiba o que está acontecendo. Se esta carta representar alguém de quem você tiver se separado, ele ou ela pode apelar para chantagem emocional, ou tentar comprá-lo de volta com presentes ou ofertas de viagens. A tenacidade desse parceiro pode assustá-lo às vezes. Você também pode estar obcecado por essa pessoa, que pode ou não estar realmente em sua vida neste momento. Esse indivíduo o influencia de alguma forma, e você pode precisar de ajuda e orientação para se libertar da sua influência insidiosa.

SOBRE O RELACIONAMENTO

A DÁDIVA

O Diabo pode simbolizar diversas fases de um relacionamento ou representar uma mistura de influências. No nível mais mundano, ele indica vínculos semelhantes àqueles sugeridos pelo Hierofante: um casamento legal é indicado, e os acordos financeiros que um casal faz são enfatizados. Acordos pré-nupciais, empréstimos conjuntos, apólices de seguro e impostos podem estar proeminentes neste momento. Questões práticas podem demandar discussão séria a essa altura. Isso tudo parece muito pouco romântico, mas essas considerações merecem sua atenção, particularmente se você já estiver comprometido com seu parceiro.

Como presságio, o Diabo mostra outra face, uma muitas vezes inaceitável no mundo de hoje. Ele pressagia um relacionamento de fisicalidade desenfreada e prazeres perversos. A anarquia e caos inerentes a essa figura podem vir à tona na forma de sexualidade insistente, uma paixão compartilhada que pulsa com uma vida primitiva própria. Não há nada floreado, delicado ou convencional nessa união. Ela é mais parecida com as cópulas selvagens das bacantes e sátiros dos mitos gregos. Tamanha compulsão erótica é difícil de entender com a mente racional. Ela é química, loucura, intoxicação e obsessão. Quando a intensidade inicial terminar, você pode descobrir uma parceria funcional, ou perceber que ambos têm pouco em comum e se separar. Contudo, como a Morte, esse relacionamento promete mudá-lo, e suas atitudes sobre amor e sexo, para sempre.

O DESAFIO

Uma parceria insalubre é indicada quando o Diabo cai invertido. É provável que seja uma de necessidade e não de amor, de dependência e não de respeito mútuo. Mesmo assim, ela é fascinante e inescapável, por enquanto, pelo menos. Você pode estar preso pela segurança, conforto financeiro ou ardente compulsão sexual. Pode estar ciente de que seu parceiro não é bom para você, pode até mesmo se sentir drenado por ele, mas, mesmo assim, ambos continuam presos um ao outro. Há muita dualidade aqui, pode ser uma clássica relação de amor e ódio, mas seja o que for, é intensa e aprisiona. Essa tensão não pode continuar. A Torre se segue ao Diabo, indicando uma revolução como próximo estágio na jornada do Tarô.

SOBRE O FUTURO

A DÁDIVA

Seja reorganizando seus assuntos financeiros, lidando com a lei ou experimentando um relacionamento poderoso, você está prestes a entrar em contato com poder de algum tipo. Uma libertação tremenda se seguirá.

O DESAFIO

Reconhecer seu próprio poder é essencial, caso contrário você se encontrará sobrecarregado e sem controle. Um relacionamento pode dominar sua vida no futuro próximo. Tenha cuidado com obsessões.

XVI – A TORRE

Planeta regente: Marte

A Torre simboliza revolução, destruição e todas as mudanças de natureza dramática. Uma torre alta ergue-se contra um céu tempestuoso. Um grande relâmpago cai, destruindo o pináculo e estremecendo todo o edifício. Duas figuras caem para a morte, enquanto chamas lambem as janelas acima.

Regido por Marte, planeta da ação, fúria, energia bruta e sexualidade, a Torre apresenta uma imagem ao mesmo tempo assustadora e perturbadora.

SOBRE VOCÊ

A dádiva

Como o estrondo de um trovão distante, sua necessidade de mudança está se tornando ainda mais insistente. Você pode sonhar com cenas apocalípticas, animais selvagens, rebeldes e estupradores. O alerta está em seu inconsciente, parte de você já sabe que algum tipo de revolução é necessário neste momento.

Porém, as mudanças são ameaçadoras, pois implicam insegurança e incerteza. Portanto, é mais do que provável que você esteja resistindo a essas forças. De fato, você pode nem mesmo estar ciente delas ainda. Contudo, ao tomar consciência da necessidade de mudança em sua vida, talvez você possa contornar situações destrutivas.

A raiva é um problema neste momento, e pode irromper quando você menos esperar. Se andou cultivando um ressentimento crescente, pode explodir de raiva neste momento. Uma necessidade profunda interior de aliviar a atmosfera requer ação. Assertividade é um comportamento aceitável, que resulta em atividades e mudanças construtivas. Se você não se afirmar, pode se tornar agressivo e incapaz de pensar com clareza. Como o Diabo, a Torre está associada a poder e energia primitiva. Você pode realizar muito neste momento se aceitar seu próprio poder e encontrar uma vazão adequada para ele.

O desafio

A Torre invertida muitas vezes se manifesta como acontecimentos dramáticos no mundo exterior, em vez de representar sentimentos íntimos. Mesmo assim, ela está ligada ao que alguns terapeutas chamam de "eu essencial", onde suas necessidades e desejos verdadeiros residem. Sem saber como, você buscou essas experiências aparentemente fatídicas.

Situações alarmantes ou caóticas podem atrapalhar seus relacionamentos, trabalho ou vida doméstica neste momento. Seja qual for a forma que essa revolução tome, provavelmente ela será repentina, caindo sobre sua segurança assim como o relâmpago cai na Torre. Quando a poeira baixar, você descobrirá a base de uma vida nova e mais gratificante entre os escombros.

SOBRE SEU PARCEIRO

A DÁDIVA

Existe uma expressão francesa, *coup de foudre*, que descreve a chegada de um parceiro indicado pela Torre. A tradução é "relâmpago", indicando uma atração inesperada e repentina com uma qualidade fatídica inescapável. Seu parceiro é uma força disruptiva, cuja presença faz você questionar tudo em sua vida, minando sua estabilidade e controle. Essa pessoa pode alarmar, desestabilizar, perturbar ou excitar você, mas nunca o deixará entediado.

Dizem que a incerteza é a alma do romance. Como você não pode ter certeza sobre esse indivíduo, pode achar que ele ou ela é uma figura muito romântica, cuja companhia é revigorante, estimulando-o mental e fisicamente. Você sente o cheiro de perigo, e essa sensação de desafio o atrai a se envolver ainda mais. Com certeza, esse indivíduo terá um efeito devastador sobre você, um que fará examinar a fundo seus sentimentos. Não espere que ele ou ela continue em sua vida para sempre, a atração pode ser intensa demais para isso.

O DESAFIO

Como muitas outras cartas do Tarô, a Torre representa um desafio, não importa como é colocada. Quando seu parceiro é representado pela Torre invertida, ele ou ela pode ter acabado de sofrer um impacto. Isso, naturalmente, cria ondas de choque que também afetam você. Algo repentino e possivelmente catastrófico pode ter acontecido, afastando seu parceiro de você, ou lançando-o em um estado de choque e desorientação profundos.

Ele ou ela também pode estar envolvido em uma situação negativa sobre a qual não tem controle. Tradicionalmente, a Torre invertida simboliza aprisionamento. Encurralado pelo destino e circunstâncias, seu parceiro precisa de todo seu amor e compreensão para sobreviver a esse período e se libertar.

SOBRE O RELACIONAMENTO

A DÁDIVA

Se esse for um relacionamento novo, então ele começou de repente e com muita força. Cheios de adrenalina, vocês dois estão se recuperando do impacto que causaram um no outro. Seu relacionamento parece ser extremamente importante, algo que mudará suas vidas e terá efeitos duradouros para o futuro. A velocidade, o drama e emoção do seu encontro são tais que vocês não podem reagir com serenidade no momento. Presos em uma fornalha de emoção, paixão e tensão extraordinária, ambos estão destinados a viver as implicações desse romance perturbador.

Às vezes, a Torre pressagia uma atração magnética que destrói uma aliança de longo prazo já existente. Como a carta anterior, o Diabo, a Torre sugere comportamento compulsivo.

Porém, nesse exemplo, a compulsão parece explosiva, irrompendo com poder tremendo de baixo da superfície ordenada da vida. Por esse motivo, ela representa um relacionamento que pode ser inerentemente instável. Embora essa união seja significativa e memorável, o futuro é completamente incerto.

Em um relacionamento de longo prazo, a aparição da Torre pressagia transtornos, revelações chocantes e reajustes fundamentais, embora eles não sejam necessariamente negativos ou danosos. Trocas súbitas de carreira, mudanças ou crises de circunstâncias podem forçar seu relacionamento a se alterar de forma positiva. Isso pode indicar um período de renovação ardente para vocês dois.

O DESAFIO

Se você tirar a Torre invertida, seu relacionamento pode ter terminado recentemente. Certamente, algo de proporções dramáticas afetou sua aliança, provavelmente separando você de seu parceiro de forma muito repentina. Vocês podem não ter reconhecido os acontecimentos que levaram a essa ocasião dramática, tornando tudo mais inacreditável quando aconteceu. De fato, ambos podem ser incapazes de entender por que isso aconteceu com vocês. Não há garantia de reconciliação, embora essa possibilidade não possa ser totalmente descartada. Se seu amor um pelo outro era genuíno, então ele pode ser transformado pela turbulência.

Nessa posição, a Torre também significa relacionamentos unilaterais. O amor pode estar fluindo apenas em uma direção: um parceiro no papel de amante e o outro permitindo ser adorado, mas incapaz de retribuir o amor. Nesse caso, o colapso do seu relacionamento é saudável e, no fim, será terapêutico para você, mesmo achando essa interpretação difícil de aceitar neste momento.

SOBRE O FUTURO

A dádiva

Tudo que está inerte e limitando sua vida está prestes a ser varrido. As forças do destino podem colocar praticamente qualquer coisa no seu caminho neste momento, e seu comportamento excêntrico pode surpreender aqueles que acham conhecê-lo.

O desafio

Um presságio de situações extremas, a Torre invertida sugere a calma repentina antes da tempestade ou a própria tempestade. De qualquer forma, sua vida mudará dramaticamente no futuro. Entretanto, se a primeira interpretação se aplicar a você, pode demorar algum tempo para que ela se manifeste.

XVII – A ESTRELA

Signo regente: Aquário

A estrela simboliza Afrodite, deusa grega do amor, e Ishtar, deusa da cura e do erotismo. Uma linda mulher nua está de pé à beira de um lago de águas límpidas. Ela derrama água de volta ao lago e na terra sobre a qual está. É uma noite tranquila e estrelada. Oito estrelas brilham no céu, sete delas agrupadas. Uma, que representa a deusa, está à parte, brilhando mais forte.

Esta carta está ligada a Aquário, signo do Portador da Água, que rege a casa do amor no Zodíaco natural.

SOBRE VOCÊ

A DÁDIVA

A Estrela concede a você a dádiva do prazer na natureza, da intuição arrazoada e da esperança radiante. Seus vínculos com duas das mais luminosas deusas antigas revelam uma fase amorosa, cheia de energia calma e compreensão renovada. Essa é uma carta de favores celestes e dá uma sensação de estar abençoado.

Se você estiver passando por dificuldades, deprimido ou se sentindo mal, a Estrela pressagia a cura. Sua capacidade de se desapegar de memórias danosas foi fortalecida pelo contato com seu eu verdadeiro. Ódio, inveja, amargura e vingança se esgotaram e não obscurecem mais sua vida ou potencial de felicidade futura. Agora, você é capaz de perdoar e esquecer.

A amizade é uma área relevante governada pela Estrela, que simboliza a união de todas as coisas. Seus amigos são especialmente importantes para você neste momento, e você pode achar a presença deles em sua vida uma fonte de grande felicidade. De modo similar, seu contato com a natureza pode ser renovado neste momento. Quaisquer laços já existentes com animais queridos podem ser fortalecidos, ou poderá sentir que agora é o momento de compartilhar sua vida com um novo animal de estimação. Você pode desejar passar mais tempo em ambientes abertos, fazendo jardinagem ou caminhando em lindas paisagens intocadas. Talvez você vá se sentir atraído pelo oceano ou beira de rios e, como a deusa na carta, renovar-se à margem das águas.

O DESAFIO

Tensão causada por baixa autoestima pode ser um problema para você neste momento. Talvez pense que há poucas razões para viver, ou esteja pessimista sobre o resultado de seus projetos e planos. Essa tensão é exaustiva, pois músculos tensos e uma mente inquieta consomem sua energia. A Estrela encoraja o relaxamento e a companhia de pessoas positivas. Quando você abrir mão da ansiedade, suas preocupações podem parecer menos com cargas onerosas e mais com problemas desafiadores a serem resolvidos.

SOBRE SEU PARCEIRO

A dádiva

Seu parceiro pode ser uma pessoa ou se manifestar como um grupo de pessoas solidárias e estimulantes. Se um indivíduo for indicado, ele ou ela é uma presença curativa em sua vida. Seus corações se abrem um para o outro livremente e sem malícia. Suas necessidades mútuas são tão similares que vocês sabem intuitivamente os desejos um do outro.

Seu parceiro é inventivo e progressista, mas também é capaz de avaliações racionais. Excitado pelo que é novo, esse indivíduo conhece uma grande variedade de pessoas e gosta de eventos sociais. É bastante otimista, sua abordagem livre e alegre da vida inspira a todos. Ele ou ela fará todo o possível para encorajá-lo a se expressar, pois você precisa ser independente. Essa pessoa não é possessiva nem faz julgamentos dentro do relacionamento, precisando de tempo a sós e entendendo essa necessidade nos outros. Contudo, seu parceiro não é paquerador ou fútil. Você não precisa se preocupar com infidelidade, mas deve entender que ambos não podem passar 24 horas por dia juntos.

Seu amor por essa pessoa não pode feri-lo, pois ele ou ela sempre será honesto e se importará com você, estimulando igualdade, uma parceria equilibrada e uma compreensão total da dádiva do amor.

O DESAFIO

Distanciamento dos sentidos e emoções faz seu parceiro vacilar. Essa pessoa é sumamente feliz nos reinos mentais, e você pode sentir que encontrou uma alma gêmea nesse nível. No entanto, se tiver romance em mente, isso pode se provar frustrante, pois seu parceiro é alguém que prefere ser emocionalmente controlado. Amor apaixonado ameaça a sensação de ordem. Suas qualidades esmagadoras assustam e até repelem esse indivíduo. Se você tiver esperanças de uma união mais profunda, o melhor que tem a fazer é se afastar por enquanto. Essa pessoa não está pronta para o amor no momento, e precisa de tempo e espaço.

SOBRE O RELACIONAMENTO

A DÁDIVA

Seu relacionamento é equilibrado e harmonioso, centrado no presente e sem ansiedade quanto ao futuro. Talvez ele tenha acabado de começar. Certamente sua novidade e vitalidade representam sua expressão mais alegre. A Estrela é uma carta da primavera, presidida pela própria Afrodite. Esses são os símbolos do seu relacionamento neste instante. Vocês são capazes de amar um ao outro incondicionalmente, com respeito pela atração e química entre ambos.

Seus sentimentos são mútuos, sua felicidade espontânea e infantil. Não é necessário fazer planos ainda, ou se preocupar com o passado ou futuro. Vocês são capazes de se doar um ao outro sem restrições, pois ambos têm vidas plenas e se sentem seguros no que diz respeito a essa atração.

Se você já estiver em um relacionamento estabelecido, a Estrela promete um amor renovado. A esperança e a redenção triunfaram, e o que quer que estivesse perturbando seu amor no passado agora está desaparecendo. Uma nova sensação de liberdade e alegria contagia seu tempo juntos, vocês podem ter redescoberto um ao outro de alguma forma e estão tão encantados como quando se conheceram. É como se a essência da sua união fosse reconhecida e o que a tornou especial a fortaleceu. Essa é uma parceria equilibrada em todos os níveis, pois os dois buscam fazer o outro feliz.

O DESAFIO

Por algum motivo, esse relacionamento não está fluindo como deveria. A razão mais provável é uma tensão subjacente que vem consumindo vocês há algum tempo. As coisas ainda não chegaram ao ponto de crise, mas os dois acham difícil expressar seus sentimentos.

Problemas sexuais muitas vezes são indicados pela Estrela invertida: a deusa do amor e do erotismo foi deslocada por uma sensação de alienação em um de vocês, ou em ambos. Vocês não podem fazer o outro feliz neste momento, e pode ser melhor passarem algum tempo separados. Mesmo assim, esta carta não indica uma separação longa. As dificuldades pelas quais estão passando podem estar criando uma atmosfera ruim entre vocês, mas estão longe de ser insuperáveis. Se os dois estiverem trabalhando demais, ou ansiosos em relação às suas carreiras, a resposta para seus problemas pode ser simples férias. Lembre-se da mensagem de esperança e renovação da Estrela e pense seriamente sobre o que ainda há de bom entre ambos.

SOBRE O FUTURO

A dádiva

Você é uma fonte de inspiração para outras pessoas neste momento. Se a vida esteve sem graça, ela está prestes a brilhar tanto quanto as estrelas no céu. Se você precisar de ajuda de algum tipo, pode esperar que ela chegue no futuro próximo, provavelmente de uma fonte que ainda não havia considerado.

O desafio

A Estrela invertida desafia você a se desapegar, viver o momento e parar de se levar tão a sério. Seu pessimismo é infundado, você pode estar fazendo tempestade em copo d'água. Afirmações positivas ou visualização criativa podem ajudar. A necessidade de exercício físico também é sugerida. Acima de tudo, não perca a esperança.

XVIII – A LUA

Signo regente: Peixes

A Lua se elevou sobre uma paisagem turbulenta, a paisagem dos nossos sonhos mais fugidios e fantasias mais assustadoras. Montanhas guardam a fronteira do reino além. Cães de caça gêmeos uivam em uníssono, pois sentem a aproximação de sua senhora, Hécate, deusa da morte. Em primeiro plano, uma criatura semelhante a um caranguejo emerge das águas misteriosas do inconsciente.

Regida por Peixes, a Lua revela o que a Sacerdotisa oculta. Esta é uma carta de forças inconscientes, de visões, de fluxo e da própria vida e morte.

SOBRE VOCÊ

A DÁDIVA

Uma carta profundamente criativa e feminina, a Lua significa a dissolução dos limites entre realidade e imaginação. Você estará navegando em águas desconhecidas daqui em diante, e pode ser impossível distinguir as duas coisas. O que quer que seja rígido ou intransigente em sua vida está se dissolvendo neste momento, e conforme a velha ordem evapore, você pode se sentir confuso.

A Lua o convida para o reino dos sonhos e da imaginação. Dentro desse mar profundo e fértil, você pode encontrar sua visão ou mito pessoal. Se for um artista criativo, a Lua lhe diz para se deixar levar, sonhar e trazer os tesouros que encontrar de volta para a margem. Sua consciência psíquica está amplificada, seus sentimentos intensificados e sua necessidade de se fundir com outra pessoa é premente.

Você pode estar desejando amor neste momento, nutrição espiritual e comunhão de almas. Pode estar se sentindo tão repleto de amor sem foco que tenta curar o mundo. Sua necessidade de nutrir outras pessoas vem de outra de nutrir a si mesmo. A Lua representa a necessidade de escapar da realidade mundana e fazer contato com algo mais refinado e maior do que você mesmo. Este é um momento de criatividade para você, e sua sensibilidade para poesia, pinturas ou música pode trazer-lhe muito prazer e inspiração. Permita-se dormir mais, pois você precisa de tempo para se reformar nos níveis profundos.

O DESAFIO

Senhora da Ilusão, a Lua muda toda paisagem que ilumina. As cores são substituídas por tons monocromáticos, as distâncias e perspectiva são distorcidas. Você entrou longe demais nos reinos da Lua, está confuso e não consegue perceber a verdade em nenhuma situação. Pode estar tentado a experimentar drogas, pedir ao seu médico remédios para dormir ou beber mais do que deveria. Suas fantasias são vívidas e enganadoras neste momento. Descansar e se submeter à realidade são os melhores antídotos para a Lua invertida.

SOBRE SEU PARCEIRO

A dádiva

Embora seu parceiro possa ser um indivíduo criativo de sucesso, ele ou ela é, acima de tudo, um sonhador. Aqueles que trabalham no teatro, indústria do cinema, música ou criam ficção são muitas vezes indicados por esta carta. Qualquer trabalho que envolva criar uma ilusão é sugerido, pois a Lua fala de atmosfera e ambiente. Assim como a Lua cresce e míngua, o comportamento do seu parceiro também passa por mudanças sutis. Um senso de humor bobo e espontâneo é característico dessa pessoa, junto com ideias mais inspiradas do que lógicas. Uma pessoa assim pode levá-lo em uma viagem mágica e misteriosa, tecendo sonhos românticos e construindo castelos no ar. Essa carta diz respeito ao encantamento e ao romance que precedem uma parceria de longo prazo.

Com essa pessoa, você pode descobrir as alturas espirituais do amor e mergulhar sem receio no sentimentalismo. Seu parceiro procura cuidar de você como ninguém cuidou antes, entendendo seus sentimentos em algum nível profundo e sem palavras, com um amor intenso, mas nunca insistente. Como amante, seu parceiro é sumamente sensual, afetivo e terno, mas só é capaz de expressar sentimentos indiretamente, então é um ato de grande coragem para ele dizer "eu te amo".

O DESAFIO

Seu parceiro é uma figura enigmática em seu relacionamento, que escapa repetidamente pelos seus dedos. Você não pode conhecer de verdade essa pessoa, cujo coração está trancado para você. Parece que você foi convidado a compartilhar fantasias e se envolver, mas seu parceiro é inconstante, esquecendo as palavras ditas em momentos românticos, ou simplesmente o enganando. A Lua invertida alerta contra ilusões tentadoras, pois aqui seu amante dos sonhos pode se revelar tão evasivo quanto a luz do luar.

SOBRE O RELACIONAMENTO

A DÁDIVA

A Lua oferece a dádiva das conexões psíquicas, visões compartilhadas e comunhão espiritual. Qualquer relacionamento indicado por esta carta é complexo e cheio de correntes subterrâneas inconscientes.

Como a Lua rege aquilo que ainda não nasceu, sua atração um pelo outro ainda pode ser um sonho, ou não ter se formado. Muitas coisas ainda devem ser ditas e experimentadas dentro da sua união. Sentimentos inexplicáveis podem assaltar os dois, e vocês podem ser incapazes de dizer por que estão tão atraídos pelo parceiro.

Seu relacionamento pode existir em um vácuo ou mundo privado, dentro do qual vocês compartilham certos sonhos, certas vontades. Porém, ambos podem não ter a coragem para torná-los realidade. O que vocês compartilham parece frágil demais, muito precioso para arriscar expor à luz forte do dia. É possível que seu relacionamento seja clandestino, mas seu segredo o torna ainda mais mágico para vocês. Essa união tem sua realidade própria, que pode não sobreviver aos anos, à pressão de filhos ou aos aspectos práticos do casamento e de morar juntos, mas será sempre um sonho romântico, um interlúdio especial, uma memória duradora e pungente.

O DESAFIO

Seu relacionamento pode parecer perfeito, a união feliz que você procurou durante toda sua vida. Entretanto, esse estágio não pode durar, e quando a Lua cai invertida, ela está lhe dizendo para acordar. As circunstâncias, de qualquer forma, podem intervir e despedaçar seu idílio romântico.

A Lua nessa posição significa codependência, uma união simbiótica em que nenhum dos parceiros pode realmente crescer ou desabrochar. A razão pode ser inteiramente psicológica, representando uma fase insalubre que passará quando as duas pessoas perceberem o que está acontecendo. Também é possível que ela indique relacionamentos com adictos, criminosos ou pessoas fisicamente debilitadas. É claro, você saberá se algum desses casos se aplica à sua ligação atual. A Lua, como a Sacerdotisa, também rege o que está oculto. Seu parceiro pode não ser o que parece. Inimigos ocultos são outra manifestação desta carta misteriosa: algo ou alguém está minando seu relacionamento neste momento. Se você estiver prestes a desanimar, cuidado. Não se comprometa nesse estágio, espere para ver.

SOBRE O FUTURO

A DÁDIVA

Imaginação e intuição ampliadas o ajudarão a superar quaisquer bloqueios que possa estar experimentando no presente. Novas abordagens se mostrarão a você, ideias surgirão de lugar nenhum. Você pode se sentir vago e sem foco, mas não entre em pânico, pois está se aproximando cada vez mais do seu inconsciente e se beneficiará no final, se parar de resistir.

O DESAFIO

Tentar permanecer centrado será um grande desafio para você neste momento. Tudo parece tênue. Você pode ser tentado por pessoas ou situações ilusórias e insinceras. Se estiver ciente dos perigos desse período, você deve emergir ileso, embora um pouco mais pragmático.

XIX – O SOL

Planeta regente: Sol

Adorado por milênios sob diferentes aspectos, o Sol está ligado no mito e na astrologia ao núcleo reluzente do eu mais elevado. Emitindo raios de luz, o Sol representa tudo que é brilhante, grande e alegre. Muitas crianças também são mostradas nesta carta, representando vida nova, inocência e a alvorada. Na carta anterior, a Lua, essas figuras ainda estão sendo gestadas no inconsciente. Agora, elas podem nascer para a luz da compreensão.

Regida pelo Sol, esta carta indica um momento de otimismo e prosperidade.

SOBRE VOCÊ

A DÁDIVA

Um tempo alegre e de vitalidade é indicado para você neste momento. Sua saúde está radiante, a criatividade está fluindo e as emoções são positivas. Você está feliz, e seu bem-estar se mostra unido a algum tipo de fusão em sua psique.

O otimismo simbolizado pelo Sol não é somente um humor passageiro, pois na jornada do Tarô ele se segue a sacrifício, morte, ilusão e obsessão. O Sol nasce sobre uma paisagem interna mudada, e essa mudança foi causada não só por sua experiência, mas também pela sua compreensão sobre ela. Quando o Sol o representa em uma leitura, significa que você amadureceu de alguma forma. Preenchido pelo calor vital do Sol, você avança para o próximo estágio da sua jornada com confiança serena.

Quando a energia do Sol influi em sua vida, é um momento perfeito para fazer planos. Eles podem não ter detalhes precisos, mas você percebe o padrão geral dos acontecimentos. Você pode decidir que está pronto para um relacionamento pleno neste momento, o compromisso não o assusta. Se estiver sozinho, está feliz em esperar por alguém especial. As pessoas próximas de você só podem se beneficiar do seu brilho atual. Você é uma inspiração para os outros.

O DESAFIO

O Sol do meio-dia ilumina o mundo com uma luz dourada. Porém, ele também queima, secando a umidade essencial à vida. Invertido, o Sol pode ser tão sem remorso quanto a própria Morte, a seca é um desastre.

Quando o Sol cai nessa posição, ele alerta contra os perigos da inflexibilidade. A obstinação e o orgulho têm seus lados positivos, proporcionando ímpeto para a ação, mas aqui eles estão pondo em risco seu progresso e impedindo você de se adaptar às circunstâncias atuais.

Outra manifestação desta carta invertida é a dúvida. Você pode ter sofrido um fracasso, ou talvez sinta que você, um parceiro ou relacionamento não tenham atendido às suas expectativas e esteja desapontado.

SOBRE SEU PARCEIRO

A DÁDIVA

O amor do seu parceiro trouxe luz para sua vida. Otimismo e uma natureza alegre fazem com que viver com esta pessoa seja um prazer. Ele ou ela gosta de socializar e provavelmente é extrovertido. Entretanto, sentindo-se seguro, seu parceiro não precisa estar cercado de pessoas para se sentir feliz. Ele é alguém que tem uma poderosa percepção do destino, e gosta muito de conversar com você sobre o futuro que ambos compartilharão, sempre o incluindo em seus planos.

Os vínculos do Sol com a criatividade são refletidos na abordagem construtiva do seu parceiro em relação à vida. Possivelmente um artista de algum tipo, com certeza, essa pessoa é imaginativa e capaz de canalizar um grande número de ideias para ações produtivas. Seu parceiro é bem-sucedido, seja ele ou ela financeiramente rico ou não. No curso da vida, essa pessoa segue seu verdadeiro caminho. Isso o liberta de muitas maneiras para fazer o mesmo, para conhecer a liberdade verdadeira em um relacionamento seguro. Seu parceiro não se ressente do seu sucesso, nem deseja impedi-lo de seguir seu caminho. Sua independência não é uma ameaça, e suas realizações são uma fonte de orgulho; ele ou ela provavelmente encorajará você a se encontrar sozinho com velhos amigos de tempos em tempos. O calor e a sensualidade demonstrados em relação a você não são manipulativos de forma alguma, pois o amor do seu parceiro é simples e infinitamente forte.

O DESAFIO

Quando o Sol aparece invertido, seu parceiro está ignorando você. Isso é provavelmente por motivos profissionais. Infidelidade ou dúvidas profundas sobre o relacionamento são improváveis. Impulsionado pela necessidade de ter sucesso, de conquistar a atenção do mundo, ele ou ela não tem a energia para um relacionamento pleno neste momento. Essa pessoa está passando por uma fase muito egoísta. Quando algum prêmio mundano for conquistado, haverá tempo para você de novo. Enquanto isso, tente entender que, embora as ambições estejam entre ambos, isso não acontecerá sempre.

SOBRE O RELACIONAMENTO

A DÁDIVA

O Sol é uma carta muito clara e firme, tanto nas suas manifestações positivas quanto negativas. É o mesmo com seu relacionamento: as coisas parecem ser muito brancas e pretas, e embora, sem dúvidas, existam sutilezas, elas estão invisíveis neste momento. Vocês dois se sentem muito confortáveis um com o outro, e estão cientes dos seus sentimentos.

Existiram dúvidas no passado, e elas podem um dia nublar o futuro, mas, por ora, vocês estão em perfeito acordo. O compromisso um com o outro é simples, seu calor compartilhado faz dele a coisa mais natural do mundo. Sua paixão mútua não os assusta, pois representa uma fonte maravilhosa de nutrição e prazer para ambos. Esse é um relacionamento muito tátil, cheio de afeto, abraços e beijos fáceis. Como as crianças na própria carta, vocês estão brincando em um lindo jardim de verão, e tudo está amadurecendo ao seu redor. Quando o Sol simboliza seu relacionamento, vocês podem estar planejando uma família. Certamente, os dois estão envolvidos no planejamento de um futuro dourado.

Se o Sol pressagiar um relacionamento futuro, ele sugere que essa associação pode começar durante os meses de verão. Ou, então, vocês podem se conhecer em um país com clima quente. Essa será uma amizade importante, que pode representar um novo começo em sua vida amorosa.

O desafio

O Sol invertido significa atraso. Você pode ter conhecido alguém maravilhoso, ambos parecem ter muito em comum e existe uma faísca palpável entre vocês. Ainda assim, o relacionamento parece não decolar. Seja honesto consigo mesmo neste momento e pergunte-se se sua imaginação alçou voo. Se, no fundo, você tiver certeza de que essa pessoa é importante e seus sentimentos são reais, então, anime-se. Não há obstáculos sérios para sua felicidade.

Dentro de um relacionamento já existente, esta posição indica um conflito de egos. Vocês dois querem coisas diferentes, e estão achando difícil entender o ponto de vista do parceiro, pois ambos acreditam estar com a razão. Seu relacionamento pode estar desequilibrado neste momento, dividido nos papéis de amante e amado. Compartilhar é difícil, o fluxo que existia entre vocês secou temporariamente.

SOBRE O FUTURO

A DÁDIVA

Alegria e energia à frente. Uma criança pode estar a caminho, especialmente se a Imperatriz também apareceu em sua leitura. Quaisquer crianças que já existam estão sob a mais positiva das influências no momento. Tempos felizes com amigos próximos e amantes também são indicados. Sua vida social está particularmente calorosa e agradável. E você também deve experimentar uma expansão financeira em breve.

O DESAFIO

Cuidado com arrogância, pensamento rígido e superabundância de orgulho em seus relacionamentos. Você pode estar se sentindo muito confiante neste momento. Reavalie sua vida com tranquilidade. Tenha consciência de como fala e age, e então tudo deve continuar a ir bem.

XX – O JULGAMENTO

Planeta regente: Plutão

Como penúltima carta dos Arcanos Maiores, o Julgamento está ligado a ressurreição, recuperação, "carma" e renascimento. Nessa carta, as almas dos mortos despertam e se levantam dos túmulos. Convocadas pelo grande arcanjo Miguel e seu grupo de anjos, elas renascem simbolicamente na outra vida.

Simbólica do Dia do Julgamento bíblico, a carta é regida por Plutão, deus dos mortos, planeta da transformação definitiva e de poderes regenerativos.

SOBRE VOCÊ

A DÁDIVA

O Julgamento diz que você atingiu um estágio significativo em sua jornada. Com seu tema de despertar para uma nova vida, a carta sugere que você assimilou experiências passadas e aprendeu com elas. Essa integração curou quaisquer feridas que possa ter sofrido, e você agora está em posição de deixar o passado para trás. Suas lembranças não o insultam mais, você é capaz de avaliar o que aconteceu e o que os acontecimentos lhe ensinaram. Agora, está pronto para enfrentar quaisquer assuntos inacabados em sua vida, esclarecer quaisquer mal--entendidos e olhar para o futuro com paz em seu coração.

O Julgamento muitas vezes indica decisões, mas ao contrário daquelas associadas à Justiça lógica, essas exigem uma mistura delicada de intuição e intelecto. Você sabe que uma escolha deve ser feita e a está encarando com maturidade e equilíbrio. Seu próprio julgamento é impecável neste momento, você pode confiar nele completamente e saber que seguirá o caminho correto.

Finalmente, o Julgamento pode indicar um avanço suave em sua vida. Com o equilíbrio restaurado, você sente vitalidade e otimismo neste momento.

O DESAFIO

O Julgamento invertido representa prevaricação e atraso. Circunstâncias externas além da sua influência imediata podem se provar frustrantes, ou parecer bloquear seu progresso. Você pode querer tomar uma decisão importante, mas suas implicações o enchem de medos indefinidos. Entretanto, ao adiar, na prática, você tomou outro tipo de decisão: escolheu não decidir, deixar as coisas seguirem seu curso e o destino se cumprir. Embora isso possa ser uma reação inteiramente positiva sob certas circunstâncias, não é apropriada neste momento. Agora é hora de examinar seus pensamentos e sentimentos com cuidado e honestidade. Você deve tentar se libertar do medo e realizar a ação que sabe em seu coração ser necessária.

SOBRE SEU PARCEIRO

A DÁDIVA

Seu parceiro é um indivíduo maduro e complexo. O Julgamento pode representar um professor, alguém que você pode admirar ou que o capacite. Essa pessoa tem uma vida plena, pois ele ou ela toma cuidado para não negligenciar interesses particulares, mas devota tempo para trabalhar e se divertir em igual medida.

O Julgamento sugere uma personalidade séria, muitas vezes indicando alguém mais velho do que você ou com mais experiência de vida. Talvez ele ou ela tenha sido casado antes, ou esteve envolvido em algum relacionamento duradouro. Pode ser que essa pessoa ainda seja responsável por crianças, ou mantenha algum tipo de amizade com um parceiro anterior.

Uma das coisas mais notáveis nesse parceiro é seu senso de justiça, pois este colore tudo o que ele ou ela faz. Ele ou ela é alguém que pode estar extremamente atraído por você, mas nunca se precipitará. Muitas pessoas requisitam tempo, sabedoria e considerável energia do seu companheiro. Como resultado, ele ou ela não pode devotar toda sua atenção para você, mas não pense que esse parceiro não pensa em você com frequência.

O DESAFIO

Seu parceiro pode ser alguém à margem da sua vida. De fato, é improvável que vocês estejam realmente vivendo juntos agora ou que exista um relacionamento pleno e alegre entre ambos. Se você tiver conhecido alguém que o atrai, deve entender que essa pessoa pode não ser capaz de começar um relacionamento neste momento. Ele ou ela pode ser um amigo querido, um colega ou conhecido. Certamente, existe atração entre vocês, mas esta pode estar desequilibrada. Há um vínculo entre ambos, mas ele ainda é tênue e informe. Talvez você esteja confundindo amizade com interesse romântico.

SOBRE O RELACIONAMENTO

A DÁDIVA

Uma nova sensação de gratidão permeia seu relacionamento neste momento. Uma energia renovada restaurou seu apetite mútuo pela vida, trazendo uma deliciosa sensação de vitalidade para suas expressões de amor um pelo outro. Regido por Plutão, o Julgamento indica a conquista dos tesouros ocultos que ele guarda. Seu relacionamento pode se beneficiar de uma renda maior, uma herança ou o pagamento final de um débito neste momento. As cargas financeiras se reduzem e vocês são capazes de gastar mais dinheiro em luxos e prazeres.

Emocionalmente, vocês chegaram a um novo estágio em sua parceria. Os primeiros dias de tormento romântico, indecisão e perturbações terminaram. Agora os dois podem começar a construir uma vida juntos, seguros no conhecimento de que seu amor é mútuo. Sejam quais forem seus acordos compartilhados, eles estão trabalhando para vocês neste momento. O Julgamento não indica casamento formal, mas uma nova consciência das dádivas que o relacionamento oferece a vocês dois. Nenhum dos parceiros resiste ou domina o outro, nem floresce à custa dele. Se vocês se reconciliaram recentemente, podem ter certeza de que estão destinados a ficar juntos neste momento e podem esperar por um futuro feliz.

O DESAFIO

O Julgamento invertido denota algum tipo de perda ou falta emocional. Embora ele não sugira as emoções violentas indicadas por cartas como a Torre, esse é um presságio de separação. Entretanto, essa separação não é necessariamente de natureza definitiva. É indicada tristeza, mas isso pode se manifestar simplesmente como uma sensação temporária de solidão, em vez da necessidade de lamentar uma perda finita. Vocês podem se encontrar separados pela força das circunstâncias: talvez a carreira ou uma doença na família leve um dos parceiros para longe do lar.

Se vocês tiverem discutido, ou decidido parar de se ver, você pode sentir que tudo terminou entre os dois, e podem-se passar alguns meses antes que você veja seu amante de novo. Porém, vocês se separaram com muitos assuntos inacabados nublando a questão. Os problemas reais subjacentes à sua situação podem demorar a emergir. É provável que ambos retomem seu relacionamento no futuro, quando o momento for certo. Mesmo se não se tornarem amantes de novo, continuarão amigos.

SOBRE O FUTURO

A DÁDIVA

Você está bem posicionado para decidir exatamente o que quer da vida neste momento. Você está avançando para o fechamento de um longo ciclo; muito já foi alterado, e você será capaz de controlar e direcionar quaisquer mudanças futuras que desejar.

O DESAFIO

O Julgamento invertido avisa sobre perdas. Mesmo assim, é uma perda que você pode evitar se agir agora com fé e energia. Pode ser difícil enxergar além das suas dificuldades atuais, mas é essencial neste momento, pois seu pessimismo ameaça destruir sua chance de felicidade futura.

XXI – O MUNDO

Planeta regente: Saturno

O Mundo é completude, síntese e união. Uma mulher nua dança alegremente, cercada por uma grinalda de folhas, representando Sophia, deusa da sabedoria, cercada pelo Ovo Cósmico, um símbolo arquetípico de totalidade e conhecimento. A figura da deusa celebra a vida e a morte, espírito e matéria. Em cada um dos quatro cantos é mostrada uma figura simbólica, espelhando as da Roda da Fortuna.

O Mundo é regido por Saturno, planeta do tempo, limites e da estrutura fundamental de todas as coisas.

SOBRE VOCÊ

A DÁDIVA

O Mundo lhe oferece uma dádiva especial. Como o Louco, você completou uma volta da jornada em espiral do Tarô, e chegou ao fim e ao princípio. Está agora pronto para começar um novo ciclo da vida, para se desenvolver mais e para saborear suas realizações.

O Mundo costumava ser chamado Fortuna Maior, ligando-o à Roda da Fortuna. A diferença crucial entre essas cartas é o controle, um atributo primário do planeta regente do Mundo, Saturno. Sua habilidade para se expandir e desenvolver é sem precedentes neste momento, mas tudo que você faz tem base sólida na realidade.

Você pode estar prestes a se casar, ter um filho, começar um curso de longa duração ou descobrir que sua carreira avançou para um novo patamar. O Mundo representa a conclusão bem-sucedida de uma longa fase que você agora está deixando alegremente para trás. Você pode desejar celebrar esse rito de passagem, pois está embarcando em uma nova jornada e abandonando de vez seu passado. Contudo, isso não é algo repentino, mas representa um desdobramento natural do padrão maior subjacente à sua existência.

O DESAFIO

Invertido, o Mundo não perdeu sua glória, simplesmente desacelerou um pouco. Você está ciente de estar se aproximando de um ponto de virada em sua vida. Pode ter estado particularmente sensível a essas mudanças muito antes que elas estivessem prontas para se manifestar no plano material.

O Mundo também tem um significado mais profundo que é relevante para você neste momento. Ele simboliza a penetração da matéria pelo espírito, o casamento interior da alquimia. Você é responsivo a mudanças sutis dentro de si mesmo, mas no presente ainda é incapaz de articulá-las. Pode existir uma sensação de impaciência ou urgência em você, o que leva à frustração. E sim, você está à beira de um novo ciclo, mas desejar e esperar não vão fazê-lo chegar mais rápido. Como o próprio tempo, ele não pode ser persuadido ou adulado.

SOBRE SEU PARCEIRO

A dádiva

Regido por Saturno, o Mundo representa um parceiro que lhe traz estrutura. Esse é alguém que já pode estar comprometido com você, e agora está buscando um nível mais profundo de união. Em virtude do profundo significado espiritual desta carta, ela pode se referir à sua alma gêmea ou ao seu parceiro para a vida toda.

Como indicador de sucesso e completude, o Mundo pode descrever alguém que é famoso, rico ou aclamado, cujas características individuais permanecem pouco claras, mas cuja criatividade ímpar agora está atingindo uma vasta audiência. Seu parceiro está satisfeito com o progresso realizado e busca compartilhá-lo com você, pois isso aumenta seu prazer. A felicidade expressa é contagiosa, pois essa pessoa não é nem arrogante nem dominadora sobre as realizações alcançadas. Quaisquer recompensas que ele ou ela esteja recebendo neste momento são merecidas e podem levar um longo tempo para se manifestarem.

O DESAFIO

Seu parceiro tem medo de mudanças e não está disposto a completar essa fase. A afeição e a atração que essa pessoa sente por você são inegáveis, mas algo dentro dele ou dela está bloqueando o progresso.

Um compromisso maior pode assustar um indivíduo representado pelo Mundo invertido, ele ou ela foi magoado no passado e acha difícil confiar em você agora. Desejoso de um relacionamento sério, ou talvez de um filho, os medos mais profundos do seu companheiro sobre esses assuntos continuam sem expressão. Você pode ver isso como frieza, distanciamento, confusão ou apatia em seu parceiro. Contudo, essa pessoa não sofre de uma depressão séria, mas sim precisa de paciência e encorajamento de sua parte.

As mudanças que seu parceiro está enfrentando são naturais e inevitáveis. Quando ele ou ela perceber isso, o progresso positivo estará assegurado. No fim, essas alterações beneficiarão o seu parceiro – e você.

SOBRE O RELACIONAMENTO

A DÁDIVA

O Mundo simboliza um estágio importante de completude em seu relacionamento. Se vocês estiverem em um relacionamento de longa duração, estão se aproximando de uma mudança significativa, que poderão compartilhar. Filhos são muitas vezes indicados por esta carta, especialmente se a Imperatriz ou o Sol também estiverem presentes na leitura. Sua chegada ou a percepção em comum de que vocês estão prontos para eles mudam profundamente seu relacionamento. De modo similar, o casamento ou morar juntos mudam sua amizade e podem ser sugeridos pelo Mundo. Essas situações estão intimamente ligadas à ideia dos ciclos do tempo. Nada pode continuar igual para sempre. Juntos, vocês chegaram a algum tipo de ponto de inflexão que afeta seu destino em comum.

O Mundo às vezes também indica uma viagem juntos. Conforme vocês exploram o mundo ao seu redor, e compartilham o conhecimento e as experiências maravilhosas que isso traz, seu relacionamento se tornará mais expansivo e mutuamente satisfatório.

Se o Mundo se referir a uma parceria futura, ela promete ser significativa, de longo prazo e melhorar a vida de ambos. Ela está destinada, contendo a promessa de um parceiro com quem você pode bailar pela vida, e com quem pode se comprometer sem reservas.

O DESAFIO

O desequilíbrio em seu relacionamento surgiu de expectativas diferentes. Seu senso mútuo de oportunidade não é mais síncrono, e isso está dificultando as coisas entre vocês.

Um parceiro pode querer fazer mudanças na estrutura da sua aliança enquanto o outro resiste, tem medo ou é obstrutivo. Ainda assim, as coisas entre vocês ainda fluem o suficiente para a comunicação, os acordos e a solução. Seu relacionamento não naufragará nessas pedras, pois seu amor é persistente. Mas os dois devem se esforçar de comum acordo para entender o ponto de vista um do outro e discutir seus medos ocultos sem julgamento ou crítica. Só então uma solução poderá ser alcançada.

Se você tirar esta carta quando já tiver se separado de alguém especial, não se desespere. É provável que essa separação seja apenas um estágio em um relacionamento longo e feliz. Algo do seu passado, ou o do seu parceiro, pode ter abalado temporariamente o relacionamento. O Mundo é uma carta gentil, com uma mensagem de amor e união. Se vocês estiverem destinados a ficar juntos, o momento certo para a reconciliação chegará naturalmente.

SOBRE O FUTURO

A DÁDIVA

Uma celebração é merecida, pois você atingiu um momento de triunfo em sua vida. Há uma tremenda sensação de empolgação e mistério, pois você sabe que o que quer que tenha realizado é apenas o começo de todo um novo capítulo em sua existência.

O DESAFIO

Podem surgir problemas em alcançar a completude neste momento, e você pode ter de se perguntar por que é incapaz de deixar uma fase em particular atingir sua conclusão natural. Porém, há boa fortuna no futuro, sua ansiedade é infundada.

COMO USAR O TARÔ DO AMOR

O Tarô do Amor é uma ferramenta singular, elaborada para um objetivo específico. Ele não é um jogo para festas, nem um mecanismo para prever o futuro. Em vez disso, é um espelho do momento presente, que ajuda você a refletir sobre sua situação, examiná-la um pouco mais a fundo e perceber o padrão subjacente em sua vida.

Trate as cartas com respeito e elas poderão ajudá-lo. Consultá-las todos os dias ou rejeitar uma resposta, por ela não ser o que você quer ver, tornarão as informações que receber cada vez mais obscuras e inválidas. Às vezes, as respostas são claras como cristal, outras podem confundir ou desanimá-lo. Quando isso acontecer, anote quais cartas recebeu e pergunte-se mais tarde: sua pergunta foi feita claramente, ou era ambígua de alguma forma? Você estava relaxado, concentrado nas cartas, ou estava distraído? Todos esses fatores afetam a leitura. De maneira similar, se você estiver muito tenso ou perturbado, pode achar difícil ter uma sessão bem-sucedida.

Consultar as cartas deve ser algo separado da vida cotidiana, algo especial que você faz sozinho e para si mesmo. Uma leitura para outras pessoas também pode ser feita, mas é algo que deve ser abordado com respeito e amor. Conheça cada uma das cartas, aprecie as imagens e familiarize-se com elas. Muitas pessoas descobrem que sua intuição é aguçada por esse processo simples, e desenvolver sua intuição o ajudará a alcançar uma compreensão maior das mensagens em suas leituras.

Aprender a relaxar é o primeiro passo para desenvolver uma visão mais intuitiva. Meditação, exercícios, música agradável ou até mesmo um banho quente demorado podem ajudar. É importante descobrir o método certo para você, e isso leva tempo. Tornar-se calmamente ciente dos seus cinco sentidos e ouvir seu corpo o guiarão para tomar consciência daquele elusivo sexto sentido que todos possuímos. É importante criar um ritual simples para si, a fim de tornar o exercício mais significativo em sua mente subconsciente.

Quando você sentir que está no estado de espírito certo, estará pronto para formular sua pergunta. Ela deve ser curta e clara. Quando o assunto é complexo, é aconselhável escrevê-lo primeiro, para que você possa esclarecer o cerne da questão. Agora embaralhe as cartas. O melhor método para embaralhar é conhecido como "lavar" as cartas. Coloque-as com as figuras para baixo sobre a mesa e, usando a mão esquerda, espalhe-as com movimentos circulares, pensando claramente em sua pergunta enquanto as mistura.

Você agora está pronto para dispor as cartas. As duas distribuições neste livro foram elaboradas com *O Tarô do Amor* em mente: elas são simples e usam poucas cartas, porque as informações que cada carta contém são altamente concentradas. Portanto, cada leitura se torna uma experiência intensa. Se você estiver lendo as cartas para um amigo, as mesmas orientações se aplicam: ele ou ela embaralha as cartas e você as distribui. Tente não discutir o problema em detalhes antes da leitura, pois isso pode afetar a interpretação. Mais tarde, vocês podem achar útil conversar sobre as novas perspectivas que as cartas proporcionaram

Consulte a interpretação apropriada de cada carta e sua posição, e tente tecer uma história com suas leituras. Cada carta não existe em um vácuo, mas sim influencia sutilmente as demais. Pergunte a si mesmo: "Qual é o quadro geral?", e permita-se sonhar um pouco. Assim, seu próprio conhecimento e sua intuição têm a melhor chance possível de trabalhar para você.

Previsões de tempo são sempre complicadas no Tarô. Em termos gerais, as leituras cobrem aproximadamente seis meses, mas quando o assunto é complicado, esse período pode se estender para até um ano. Lembre-se de que você controla sua vida, e tomar decisões positivas pode alterar o resultado de qualquer leitura.

As distribuições do Tarô do Amor

A Árvore do Amor

É uma distribuição flexível, que lhe ofereça a oportunidade de explorar questões sobre seu parceiro ou relacionamento, mesmo que você não tenha um. Deixe muito claro, antes de começar, se o assunto diz respeito a uma situação no relacionamento ou a um parceiro, e consulte a parte da interpretação adequada. Você pode fazer duas leituras com essa distribuição, uma seguida da outra, se precisar ter uma visão geral sobre uma questão complexa. Se estiver sozinho e quiser saber que tipo de relacionamento ou parceiro o aguarda no seu futuro, faça apenas uma distribuição. As cartas para essa distribuição devem estar colocadas na ordem e formação mostradas a seguir.

A ÁRVORE DO AMOR

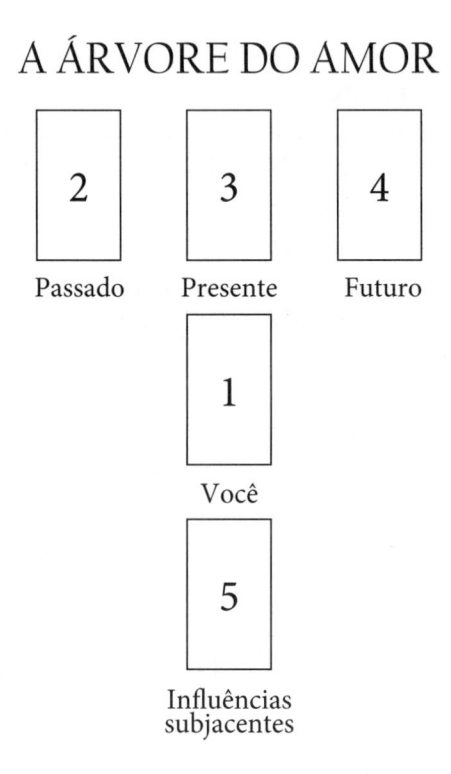

```
    ┌───┐ ┌───┐ ┌───┐
    │ 2 │ │ 3 │ │ 4 │
    └───┘ └───┘ └───┘
   Passado Presente Futuro

          ┌───┐
          │ 1 │
          └───┘
          Você

          ┌───┐
          │ 5 │
          └───┘
        Influências
        subjacentes
```

Posição um, VOCÊ: esta carta descreve a fase pela qual você está passando, seu humor predominante e situação geral. Ela não pretende descrever toda sua personalidade, mas indica onde você está agora. Todas as outras cartas devem ser interpretadas em relação a essa, pois sua visão atual influencia toda a leitura.

Posição dois, PASSADO: aqui, você encontrará as raízes da sua situação atual. Esta carta representa influências que colorem sua história romântica; seus sentimentos sobre amor, situações ou pessoas que moldaram quem você é hoje.

Posição três, PRESENTE: esta carta reflete seu parceiro ou a situação atual do seu relacionamento, dependendo da escolha de leitura feita por você. Se você estiver em um relacionamento neste momento, a carta vai destacar os problemas ou forças prevalecentes nessa aliança. Se estiver sozinho, ela mostrará o que está abaixo da superfície e como você está lidando com isso.

Posição quatro, FUTURO: potenciais e possibilidades são revelados nessa posição. O caminho que você está seguindo agora provavelmente levará a esse resultado. Esta carta cristaliza sua direção no momento.

Posição cinco, INFLUÊNCIAS SUBJACENTES: esta carta representa forças inconscientes que atuam fora da sua pergunta específica. Leia a passagem introdutória sobre a carta que cair aqui, para entender a atmosfera geral que cerca sua pergunta e a lição do Tarô que ela representa.

A Árvore do Amor – Uma leitura de relacionamento para Cathy e Rob

Cathy, uma garota muito criativa e independente, esteve envolvida em um relacionamento inconstante por dois anos. Seu parceiro era um músico e artista que oscilava entre compromisso amoroso e desinteresse completo. Ela queria saber se deveria se casar com ele ou deixá-lo definitivamente. Esta foi sua leitura:

Posição um, VOCÊ: o Mago

O Mago revela a abordagem atual de Cathy em relação à vida. Seus talentos para organização, inspirar grupos de pessoas e para fazer as coisas acontecerem são expressos em sua carreira como atriz e diretora. A androginia da carta sugere sua ambivalência em relação à própria sexualidade, que é demonstrada por sua capacidade de representar tanto papéis masculinos quanto femininos. Sua necessidade profunda de iniciar alguma atividade decisiva no relacionamento também é sugerida aqui.

Posição dois, PASSADO: o Imperador invertido

As bases passadas do relacionamento são simbolizadas pelo Imperador invertido. A falta de nutrição emocional, de que os dois parceiros estão cientes, nasceu de uma batalha de vontades. Os dois indivíduos são tipos criativos, e ambos lutam com a necessidade dual de amor e liberdade. Sua competitividade profissional é destacada aqui, pois essa é a carta da luta pelo poder. De fato, suas discussões mais amargas foram sobre isso, pois os dois tentaram alcançar sucesso e aclamação separadamente.

Posição três, PRESENTE: a Imperatriz

Um novo florescimento do relacionamento é sugerido pela Imperatriz, deusa da abundância e parceira natural do Imperador. Os dois parceiros podem perceber agora o quanto podem realizar juntos, e o quanto seu amor pode inspirar sua criatividade. Seus sentimentos um pelo outro estão crescendo claramente, entrando em uma fase produtiva e fértil. Uma gravidez pode ocorrer nesse momento, ou ambos podem decidir unir forças e trabalhar juntos em algum projeto criativo. Isso pode apenas aumentar e enriquecer sua parceria, curando a divisão causada por discussões passadas.

Posição quatro, FUTURO: o Sol invertido

Como esse casal já está ciente de que os dois se amam, o Sol invertido pressagia felicidade. Sua presença afirma a sugestão de uma criança indicada pela Imperatriz, mas na posição invertida anuncia um atraso. Há aqui também um aviso de que conflitos de ego podem nublar a união, ecoando a mensagem do Imperador, que descreveu seu passado compartilhado. Todavia, não parece haver obstáculos sérios à felicidade futura, e em resposta à pergunta de Cathy, o casamento seria um passo bem-sucedido.

Posição cinco, INFLUÊNCIA SUBJACENTE: o Eremita invertido
Aqui, o Eremita destaca o significado mais profundo da parceria de Cathy e Rob. Ele coloca seus momentos de separação em um novo contexto, pois embora suas separações tenham sido causadas por obstinação por parte dos dois, elas parecem ter sido necessárias. Como a carta do autoconhecimento obtido pela solidão, a mensagem do Eremita para esse casal revela uma necessidade mútua de espaço no qual eles devem se desenvolver. A lição maior revelada aqui é a de amor e serviço desinteressado. Suas separações sempre foram seguidas por reuniões amorosas, como se os dois percebessem que seus conflitos de ego, indicados pelo Imperador invertido, estivessem prejudicando uma união potencialmente frutífera, sugerida pela Imperatriz. Desde que mantenham as lições do Eremita em mente, eles devem ser capazes de reconciliar suas necessidades diferentes e avançar para um futuro mutuamente satisfatório.

A Árvore do Amor – Uma Leitura de Relacionamento para Clarissa

Clarissa, uma veterinária de 30 anos, morou com seu parceiro por seis meses. Eles haviam planejado se casar, mas o casamento foi cancelado quando seu parceiro decidiu que não podia continuar. Ele não pôde oferecer uma explicação razoável na época, mas insistiu que o relacionamento estava acabado. Magoada e confusa, Clarissa imaginou se ele voltaria para ela. E, se ele tivesse partido para sempre, como seria seu futuro romântico? A situação pedia pela Árvore do Amor, já que havia muitas incertezas para examinar. Esta foi a leitura de Clarissa:

Posição um, VOCÊ: o Mundo invertido

A carta de Clarissa, o Mundo, caiu na posição invertida. Isso mostra que parte dela já aceitou a grande mudança que aconteceu, mas outra parte ainda não. Ela continua um pouco apegada ao passado, o que é natural. Todavia, o conhecimento de que um capítulo em sua vida chegou ao fim ainda não foi totalmente integrado. A carta também mostra que ela está a caminho da recuperação, embora esse prometa ser um processo gradual.

Posição dois, PASSADO: o Enforcado

O sonho romântico de Clarissa de amor é indicado pelo Enforcado, uma figura evasiva ligada ao planeta Netuno. A carta mostra que o relacionamento era do tipo romântico, com fortes tons espirituais. Ainda assim, havia algo de ilusório nele, algo que não podia lidar com a realidade do casamento. O desafio do Enforcado, na posição normal ou invertido, é o sacrifício. O relacionamento em sua forma passada tinha que ser sacrificado, pois, embora fosse belo, era irrealista.

Posição três, PRESENTE: a Morte

A Morte se segue ao Enforcado no Tarô, e aqui aparece como indicadora da situação atual do relacionamento de Clarissa. Ela confirma o sacrifício sugerido pelo Enforcado, também denota o considerável exame que Clarissa foi forçada a realizar em seus sentimentos como resultado da separação. No presente, não há relacionamento em sua vida: um fato também confirmado pela presença dessa carta. Porém, a Morte indica igualmente uma mudança transformadora por meio do sofrimento. A vida agora é difícil e dolorosa, mas há uma promessa de renovação e nova vida no futuro.

Posição quatro, FUTURO: a Temperança

A Temperança indica equilíbrio e amizade. Amigos apoiarão Clarissa e ela logo se sentirá melhor quanto à sua situação. Existe a possibilidade de um relacionamento com alguém novo, mas no futuro imediato parece que ela desenvolverá seus interesses e vida social. A Temperança indica a possibilidade de amizade com seu antigo namorado um dia. Entretanto, a Morte na posição do presente e o Louco como influência subjacente sugerem que ele voltará apenas como um amigo. O relacionamento não parece ter um futuro romântico. Clarissa precisa seguir em frente.

Posição cinco, INFLUÊNCIA SUBJACENTE: o Louco

Uma figura empolgante, porém instável, o Louco indica o relacionamento e fase atual da vida de Clarissa. Ele forma uma combinação interessante com o Mundo, pois aqui estão a primeira e a última carta dos Arcanos Maiores juntas em uma leitura. Sua mensagem combinada é a de um fim e de um novo começo positivo. O Louco também confirma a instabilidade inerente do relacionamento e sua inadequação como base para um casamento.

A Pirâmide do Amor

É uma distribuição simples que descreve um envolvimento presente ou futuro, ideal para perguntas diretas. Posicione as cartas dessa distribuição desta maneira:

A PIRÂMIDE DO AMOR

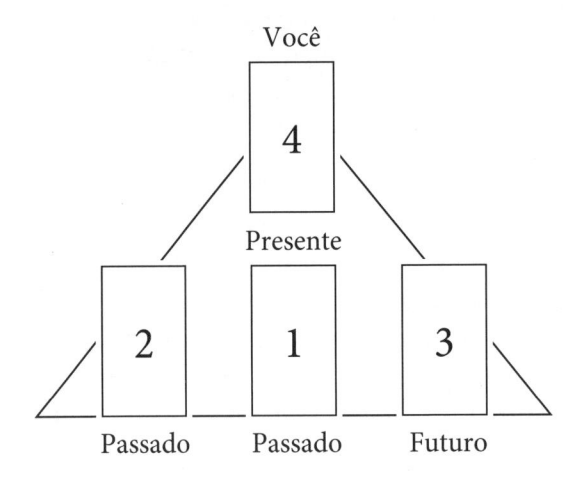

Você

4

Presente

2   1   3

Passado   Passado   Futuro

Posição um, VOCÊ: esta carta se refere a como você atua em um relacionamento neste momento. Em outras áreas de sua vida, você pode estar agindo de formas diferentes.

Posição dois, PARCEIRO: novamente, esta carta representa como você vê seu parceiro, e como ele age no relacionamento neste momento.

Posição três, RELACIONAMENTO: essa posição representa um momento no tempo. Ela descreve a fase do relacionamento que vocês dois estão compartilhando, mostrando o que você está aprendendo com essa vivência.

Posição quatro, FUTURO: você, seu parceiro e a terceira entidade que vocês criaram juntos – seu relacionamento – são uma mistura potente que contém muitas possibilidades. Esta carta lhe diz o destino provável da sua aliança no futuro próximo.

A Pirâmide do Amor – Uma leitura para Frank

Um jovem inteligente de 28 anos, Frank estava envolvido com uma mulher oito anos mais velha que ele. Ele achava a aliança agradável, mas perturbadora, porque não se encaixava em suas fantasias idealistas de como um relacionamento deveria ser. Mesmo assim, ele se viu repetidamente atraído de volta para essa parceira. Quando consultou as cartas, estava tentando entender o significado e o propósito dessa atração magnética por essa mulher. A distribuição da *Pirâmide do Amor* foi escolhida para revelar as dinâmicas ocultas que escapavam à sua compreensão. Aqui está sua leitura:

Posição um, VOCÊ: o Diabo
O Diabo na posição normal indica as poderosas sensações eróticas que Frank sente por essa mulher. Dominado por elas, é incapaz de associá-las ao amor puro e espiritual que imagina como seu ideal. Ainda assim, a atração sexual recusa-se a sumir. Atormentado por isso, ele secretamente se ressente da parceira por evocar essa sensação e ameaçar seu senso de controle. Problemas centrados em poder e controle são proeminentes nele neste momento. Frank está tendo dificuldades em sua carreira, finanças e direção geral na vida. A aparição do Diabo o aconselha a confrontar sua necessidade de controlar sua parceira, e destaca seu medo de relaxar no relacionamento.

Posição dois, PARCEIRO: o Julgamento

Outra carta voltada para cima, o Julgamento descreve a experiência de Frank com sua parceira como pessoa mais velha e mais sábia. A carta também indica que ele pode confiar nela, pois não está interessada em manipulá-lo. Sua maturidade e vivência, como indicadas pela carta, sugerem que ela tem uma abordagem inteiramente equilibrada sobre sua aliança. Sua amizade e amor por ele não são influenciados por expectativas ou fantasias. Portanto, ela pode lhe revelar outros aspectos do relacionamento que Frank não pode compreender no presente.

Posição três, RELACIONAMENTO: o Hierofante invertido

Aqui, o Hierofante invertido parece confirmar a mensagem do Diabo. Essas cartas estão relacionadas uma à outra, simbolizando os deuses da ordem e do caos, respectivamente. As convenções foram colocadas de cabeça para baixo. O relacionamento de Frank não reflete de forma alguma suas fantasias de um casamento ideal ou de uma união estável. A inquietação interior que ele sente sobre essa amizade, e o caos com que o ameaça, são indicados por essa carta. O Hierofante invertido espelha seus sentimentos internos de perda de controle e sua ansiedade sobre a falta de estrutura nessa união.

Posição quatro, FUTURO: a Sacerdotisa

O desejo de Frank de saber para onde esse relacionamento está rumando é respondido pela Sacerdotisa, a própria senhora da magia e dos mistérios. O futuro está oculto, cheio de segredos e riquezas espirituais. Ela sugere um avanço do tipo mais sutil. Se Frank se desapegar de suas expectativas e ideias rígidas, pode descobrir que sua intuição e imaginação o apoiam de modos que ele mal pode imaginar no momento. Tanto o Julgamento quanto a Sacerdotisa falam de renascimento, renovação e desenvolvimento. Esse relacionamento representa um marco memorável no desenvolvimento de Frank.

A Pirâmide do Amor – Uma leitura para John

John, um homem de negócios, estava divorciado há 18 meses. Ele se recuperou dessa provação e está aproveitando a vida como solteiro. Contudo, sendo no fundo um romântico, ele ainda esperava encontrar alguém especial, e se perguntava quem poderia ser essa pessoa. Queria saber se ele se envolveria seriamente com uma nova parceira no futuro próximo. A Pirâmide do Amor foi escolhida por sua habilidade de descrever sua parceira desconhecida, o tipo de relacionamento e potencial futuro. Aqui está sua leitura:

Posição um, VOCÊ: a Roda da Fortuna

Como significador do eu, a Roda da Fortuna sugere uma fase expansiva e otimista. Ela confirma o progresso de John desde seu divórcio, e sugere que ele está se sentindo exuberante e esperançoso em relação ao seu futuro. Uma necessidade interna de seguir o fluxo dos eventos é sugerida, além de uma certeza de que tudo sairá bem para ele no final. John se sente positivo e com sorte, e nesse estado de espírito, inevitavelmente, atrairá pessoas.

Posição dois, PARCEIRO: a Torre

A parceira misteriosa de John é indicada pela Torre, o que sugere que ele a conhecerá de repente ou em circunstâncias dramáticas. Sua flexibilidade, indicada pela Roda da Fortuna, será proveitosa para ele, pois a Torre é disruptiva, e pode ser destrutiva para aqueles com atitudes rígidas. Essa pessoa entrará em sua vida quando ele menos esperar, e a força dos seus sentimentos pode abalá-lo consideravelmente. Mas já que a atitude fundamentalmente ligada a esse significador é "espere o inesperado", há poucas dúvidas de que ele será capaz de dar as boas-vindas à intrusa sem entrar em pânico.

Posição três, RELACIONAMENTO: os Enamorados invertida
A carta dos Enamorados invertida pressagia um relacionamento complexo. Combinada com a Torre, que pode pressagiar "atrações fatais" que desfazem um relacionamento estabelecido, ela sugere um triângulo amoroso. Como John está livre, a carta indica uma parceira que já esteja comprometida em outra relação. Mesmo assim, a atração entre o casal é intensa, e não pode ser ignorada. Os Enamorados confirmam esse cenário, pois representam um relacionamento em que sentimentos poderosos têm um papel importante. E embora John esteja agora aproveitando sua vida de solteiro, ele claramente deseja se envolver apaixonadamente mais uma vez. Essa é uma relação amorosa importante apesar das complicações, ou, talvez, por causa delas.

Posição quatro, FUTURO: a Estrela
A Estrela prevê harmonia para John e sua parceira. Seus vínculos com a cura sugerem que os dramas e as dificuldades desse relacionamento serão superados de forma positiva. Ela também pressagia um compromisso de longa duração para o casal, sugerindo que eles encontrarão felicidade e equilíbrio em seu relacionamento e um no outro.

SOBRE A AUTORA

Jane Lyle é autora de livros sobre psicologia, sexo, sociologia e temas sobre o paranormal e adivinhação. Ela ficou intrigada pelo Tarô desde muito jovem. Seus dez anos o estudando, ensinando e lendo a inspiraram a se aprofundar mais na área que influencia quase todas as pessoas – o amor.

Os livros de Jane incluem *Body Language* e *Tarot*. Ela contribuiu com *Homeopathy, How to Read Faces, How to Read Handwriting, The Macmillan Dictionary of the Paranormal* e *Natural Magic*. Além disso, ela editou *The Complete Guide to Astrology*. Jane também escreve regularmente para periódicos e jornais.

SOBRE O ILUSTRADOR

Oliver Burston se formou na St. Martin School of Art em 1987 e, desde então, vem trabalhando como ilustrador *freelancer*. Seus clientes incluem a IBM, BMW, Chatto and Windus, HarperCollins, Heinemann, Methye e Penguin Books. Oliver também pinta e exibe belas artes, e cria filmes artísticos.

LEITURAS ADICIONAIS

BARKER WOOLGER, Jennifer; WOOLGER, Roger J. *The Goddess Within*. Londres: Rider, 1990.

BURT, Kathleen. *Archetypes of the Zodiac*. St. Paul, MN: Llewellyn Publications, 1988.

HAY, Louse L. *You Can Heal Your Life*. Londres: Eden Grove Editions, 1987.

SCHIERSE LEONARD, Linda. *On the Way to the Wedding*. Londres: Shambhala, 1987.

SHARMAN-BURKE, Juliet; GREEN, Liz. *The Mythic Tarot*. Londres: Century Hutchinson Limited, 1986.

WALKER, Barbara G. *The Secrets of the Tarot*. Nova York: Harper & Row, 1984.

AGRADECIMENTOS

Muito obrigada a Ian Jackson e Nick Eddison, da Eddison Sadd Editions, por tornar meu sonho realidade. A Oliver Burston, por criar um baralho inspirado, e a Zoë Hughes por sua edição inteligente. Eu também gostaria de agradecer a todos aqueles cuja amizade inspiradora e encorajamento contribuíram tanto para a criação deste livro, em particular: Maggie Norden, Simon Booker, Judy Hall, Robert Jacobs, Pandora White, Aubrey Russel, Sarah Litvinoff, Vida Adamoli, Tad Mann, Belinda, Fernanda e Deirdre Mayne, Manoli Molympitis, Harriet Smith, Irene Ware, Betheley Laurence, Amanda Simpson e Pip Torrens. E por me ajudar a enxergar "através de um espelho sombrio" e abordar uma compreensão da natureza do amor, Joel e Yaltha Ryce-Menyuhin.

Leitura Recomendada

O Oráculo de Ísis
Alana Fairchild

A Deusa Ísis é a Guia Divina que convoca você neste momento a corporificar seu Poder Divino por meio deste oráculo. Ela lhe oferece sua sabedoria e orientação para lhe assistir neste momento de transição e crescimento espiritual. Ela o ama e quer que você brilhe e seja seu Eu-radiante, cheio de força e sabedoria.

Tarô Maçônico
Os Arcanos da Arte Real
Patricio Diaz Silva

Esse oráculo foi criado pelo artista e pesquisador chileno Patricio Diaz Silva, com base em seus estudos do simbolismo maçônico e tendo como modelo os arcanos do tarô. Assim, imaginou uma síntese para demonstrar a integração e interação entre esses dois sistemas de autoconhecimento.

O Tarô Mitológico
Acompanhado das 78 Lâminas Coloridas
Juliet Sharman-Burke e Liz Greene

Muitos consultam as cartas de Tarô com a intenção de saber sobre o futuro ou receber um milagre, mas esse oráculo, ao contrário, nos ensina a desenvolver a nossa própria capacidade de enxergar probabilidades de caminhos reais para resolvermos nossos problemas que, até então, nos pareciam insolúveis.

Por muito tempo, o Tarô permaneceu como uma ferramenta obscura de adivinhação, mas agora *O Tarô Mitológico* vem nos ajudar a desvendar os mistérios da natureza humana pelo uso, em suas lâminas, de divindades da mitologia grega que antecedem os símbolos da cultura cristã.

www.madras.com.br

MADRAS® Editora — CADASTRO/MALA DIRETA

Envie este cadastro preenchido e passará a receber informações dos nossos lançamentos, nas áreas que determinar.

Nome _____

RG _____ CPF _____

Endereço Residencial _____

Bairro _____ Cidade _____ Estado ____

CEP _____ Fone _____

E-mail _____

Sexo ❏ Fem. ❏ Masc.   Nascimento _____

Profissão _____ Escolaridade (Nível/Curso) _____

Você compra livros:

❏ livrarias   ❏ feiras   ❏ telefone   ❏ Sedex livro (reembolso postal mais rápido)
❏ outros: _____

Quais os tipos de literatura que você lê:

❏ Jurídicos   ❏ Pedagogia   ❏ Business   ❏ Romances/espíritas
❏ Esoterismo ❏ Psicologia ❏ Saúde   ❏ Espíritas/doutrinas
❏ Bruxaria   ❏ Autoajuda   ❏ Maçonaria ❏ Outros:

Qual a sua opinião a respeito desta obra? _____
_____

Indique amigos que gostariam de receber MALA DIRETA:

Nome _____

Endereço Residencial _____

Bairro _____ Cidade _____ CEP _____

Nome do livro adquirido: O Tarô do Amor

Para receber catálogos, lista de preços e outras informações, escreva para:

MADRAS EDITORA LTDA.
Rua Paulo Gonçalves, 88 – Santana – 02403-020 – São Paulo/SP
Caixa Postal 12183 – CEP 02013-970 – SP
Tel.: (11) 2281-5555 – Fax.:(11) 2959-3090
www.madras.com.br

MADRAS® Editora

Para mais informações sobre a Madras Editora,
sua história no mercado editorial
e seu catálogo de títulos publicados:

Entre e cadastre-se no site:

www.madras.com.br

Para mensagens, parcerias, sugestões e dúvidas, mande-nos um e-mail:

marketing@madras.com.br

SAIBA MAIS

Saiba mais sobre nossos lançamentos,
autores e eventos seguindo-nos no facebook e twitter:

@madrased

/madraseditora